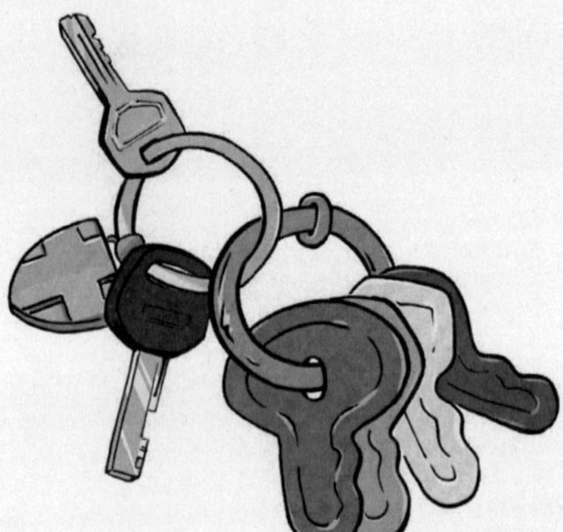

ESTOU GRÁVIDO, E AGORA?

O guia para o pai de primeira viagem

ADRIAN KULP

Prefácio de Heather B. Armstrong,
criadora da *dooce*®

Ilustrações por Jeremy Nguyen

TRADUÇÃO
UBK Publishing House

ubook UBK Publishing House

Edição traduzida de *We're Pregnant!The First-Time Dad's Pregnancy Handbook*,
publicada por Ubook Editora S.A por acordo com Callisto Media, Inc.

COPIDESQUE Christian Danniel
REVISÃO Débora Ferreira e Diego Franco Gonçales
DIAGRAMAÇÃO Antônio Cunha
CAPA Bruno Santos

Dados Internacionais de Catalogação na Publicação (CIP)
(Câmara Brasileira do Livro, SP, Brasil)

Kulp, Adrian

Estou grávido, e agora? : o guia para o pai de primeira viagem / Adrian Kulp ; ilustração Jeremy Nguyen ; tradução UBK Publishing House. -- 1. ed. --

Rio de Janeiro : Ubook Editora, 2021.Título original: Título original: We're Pregnant!

ISBN 978-65-5875-084-0

1. Gravidez 2. Pais e filhos 3. Paternidade 4. Relacionamento familiar I. Nguyen, Jeremy. II. House, UBK Publishing. III. Título.

21-53913 CDD-306.87

Índices para catálogo sistemático:
1. Relacionamento familiar : Sociologia 306.87

Aline Graziele Benitez - Bibliotecária - CRB-1/3129

Ubook Editora S.A
Av. das Américas, 500, Bloco 12, Salas 303/304,
Barra da Tijuca, Rio de Janeiro/RJ.
Cep.: 22.640-100
Tel.: (21) 3570-8150

Para Ava, Charlie, Mason e a próxima pequenina a quem esperamos de braços abertos — vocês são minha vida, meus amores e minha razão de ser.

Eu espero deixá-los orgulhosos.

Sumário

PARTE 2

O SEGUNDO TRIMESTRE 107

Prefácio

Descobrir que você vai ser pai ou mãe pela primeira vez é ao mesmo tempo uma experiência aterrorizante e uma grande oportunidade de evoluir como ser humano. Eu tenho duas filhas. Meu ex-marido e eu planejamos cada gravidez, mas a maneira com que lidamos com o processo de nove meses foi um pouco diferente. Enquanto eu devorava cada livro sobre gravidez e o primeiro ano da maternidade, ele ficou menos encantado com a logística e acreditou que cumpriria seu papel de forma mais orgânica. Homens verdadeiramente interessados em se tornarem parceiros e pais confiáveis devem se comprometer com o bem-estar da família desde o início. Quando você vê aquelas duas linhas em um teste de gravidez, o que é importante para sua parceira deve ser importante para você também.

Apesar de as mulheres continuarem a se destacar profissionalmente, seja preenchendo altos cargos de liderança ou mesmo se candidatando à presidência, ainda é esperado que elas assumam um papel maior nos cuidados dos filhos. De forma habitual, como donas de casa ou trabalhando fora, as mães acabam assumindo a maior parte da responsabilidade por seus filhos. Para mim, esse dilema teve um grande peso, tanto fisicamente quanto mentalmente. Isso também pesou em meu casamento. Pouco depois do nascimento de minha primeira filha, eu me senti profundamente sozinha, com a criança, com meus pensamentos, com a tarefa de cuidar de cada necessidade dela, e logo tive ataques de pânico. Ligava com frequência para meu marido no trabalho e pedia a ele para voltar para casa. Às vezes, eu telefonava apenas para poder ouvir a voz de outro adulto. Meus ataques de pânico tornaram-se tão graves que quando minha filha tinha seis meses de idade, me internei em um hospital. Eu daria qualquer coisa para me sentir menos só.

As mulheres são pressionadas a equilibrar tudo, mas se alguma coisa acontecer, a mensagem retumbante (e a razão do crescimento maciço da comunidade ao redor do meu site, o *dooce*®) é que as mães precisam de apoio físico, emocional e psicológico. Ainda que ambos os pais aprendam à medida que tudo se desdobra, muitas vezes esse caminho é mais solitário para a mãe, mesmo que haja um pai. Apesar dos fortes costumes e das culturas ou tradições que prosperam com esse desequilíbrio, as mães não deveriam ter que suportar a maior parte do estresse e das minúcias de criar crianças. Elas não deveriam ter de justificar por que precisam dos parceiros nas trincheiras ao seu lado.

Adrian Kulp logo reconheceu sua responsabilidade como pai e como parceiro durante a primeira gravidez da esposa. Em *Estou grávido, e agora? O guia para o pai de primeira viagem,* Adrian compartilha as lições que o ajudaram a mudar e crescer e dá orientações adaptadas especificamente para pais de primeira viagem. Ele fornece o equilíbrio certo entre informações clínicas e formas de apoiar as futuras mães, tudo isso enquanto fala o que os homens precisam ouvir de uma forma que faça sentido para eles e para seus papéis como pais. Escrevendo e orientando como um outrora ignorante e mal orientado pai de primeira viagem, Adrian consegue enxergar de forma clara os desafios à frente e tem como missão amadurecer pais de primeira viagem para que eles comecem a prestar mais atenção e, o mais importante, compreendam o que significa dar apoio.

Como um guia prático, este livro vai direto ao ponto e oferece pequenos e memoráveis insights. Ele se concentra em marcos semanais da gravidez para que o pai possa acompanhar os desenvolvimentos da mãe e do bebê ao longo dos nove meses e do “quarto trimestre”. Este livro também oferece listas de afazeres semanais que abordam as necessidades específicas da mãe. Namorados, maridos, companheiros e até pais de segunda viagem que talvez precisem se atualizar serão beneficiados com este livro, pois eles aprenderão a se comunicar melhor, a se tornarem mais proativos e a aumentarem seu grau de empatia com a pessoa que, pelas estatísticas, está fadada a todo o trabalho pesado.

Heather B. Armstrong, criadora da *dooce*®

Então você vai ser pai...

Em primeiro lugar, parabéns por ter o insight, a inspiração e o amor que o impulsionaram a escolher este livro. Quer você leia este livro durante o deslocamento de ida e volta para o trabalho, ao fazer uma pausa para o café ou ao relaxar em casa com uma bebida gelada após todos terem ido para a cama, valerá a pena. Você está prestes a ser pai e não há coisa maior ou mais excitante neste mundo. Você tem a fantástica responsabilidade de moldar uma mente jovem e tornar-se o modelo que sua criança vai precisar após a adolescência e talvez até mesmo quando chegar a vez dela de ser pai ou mãe. Ser pai significa mudar de vida em muitos sentidos. Veja meu exemplo: sou pai de três filhos e a quarta criança está a caminho. Sim, estou exausto, mas estar cem por cento dedicado supera quaisquer dificuldades.

Saber que você será pai pela primeira vez pode trazer sentimentos avassaladores de ansiedade e medo, mas isso é normal. Eu passei por isso, assim como a maioria dos pais. Esses medos dão em *cada* novo pai um belo chute no estômago. Eu serei péssimo nisto? E se eu estragar tudo? E se eu deixar o bebê cair? E se eu esquecer a cadeirinha do bebê em cima do carro e começar a dirigir?

Admito que não estava pronto para enfrentar as responsabilidades de ser pai, mesmo que eu e minha esposa estivéssemos tentando ativamente engravidar durante nosso primeiro ano de casamento. Eu ainda desfrutava das liberdades da vida que eu havia construído quase uma década antes de nos conhecermos. Mesmo nos primeiros meses do casamento, mantive minha rotina já planejada, indo e vindo quando queria, com pouca consideração à minha esposa e às necessidades dela. Para o bem ou para o mal, eu fui egoísta por muitos anos, realmente me preocupando apenas comigo e com minhas necessidades.

Portanto, não é exagero dizer que a paternidade me pegou de surpresa, literalmente. A primeira vez que as duas linhas de um teste de gravidez apareceram na minha vida foi em 2008, ao acordar depois de uma noitada de boemia na cidade com meus amigos. Enquanto estava ali deitado, cheirando à bebida, roncando e tentando não me engasgar com minha própria saliva, minha esposa tinha colocado o teste de gravidez positivo na minha mesa de cabeceira. Ela decidiu fazer o teste, por conta própria, na noite anterior, depois de eu ter prometido ir para casa cedo, o que acabei não fazendo. A curiosidade a havia dominado e ela deu esse passo sem mim. Não a culpo por isso.

Até hoje, um dos meus maiores arrependimentos foi não ter estado presente para apoiá-la e compartilhar a reação emocional. A ideia de me tornar pai pela primeira vez foi assustadora, eu não tinha noção do que significava ser um pai porque não sabia por onde começar.

Dezesseis semanas depois, na consulta pré-natal, soube que, além desse novo conceito de *pai*, eu teria uma filha. Eu não sabia nada sobre ser pai e nunca tive uma irmã, então eu sabia ainda menos sobre como ser pai de uma pequena menina e criá-la para se tornar uma pessoa forte e confiante. O peso do resultado do ultrassom caiu de uma vez sobre mim.

Minha esposa ficou igualmente surpresa com o resultado. Os testes de gravidez caseiros verificam o hormônio hCG (gonadotrofina coriônica humana); ele está em seu sistema se ela estiver grávida e com a menstruação atrasada. Na época, porém, ela não compreendia que é bem raro obter um falso positivo em um teste de gravidez. Sim, você pode obter falsos negativos, mas era claro que estávamos esperando nosso primeiro bebê.

Quando a realidade da situação se instaurou, minha esposa (uma futura mãe trabalhadora em tempo integral) tinha abraçado sua nova identidade. Ela já estava anos-luz à minha frente, adquirindo uma série de livros sobre gravidez, afastando a taça de vinho no jantar e construindo instintivamente um filtro interno que servia como um mecanismo de triagem para cada conselho que lhe era dado, e eles vieram de todas as direções: de sua mãe, da minha mãe, de irmãs, de tias, de amigas, de colegas, de obstetras e até mesmo de estranhos ao acaso no aeroporto.

Não é segredo que os fatores de estresse e as responsabilidades sobre a gravidez e os bebês recaem sobre as mulheres. Quando se reflete sobre isso, percebe-se que é algo ruim e injusto. Sim, as mulheres são dotadas de instintos maternos, mas há muitas coisas que elas não saberiam sem um livro útil para lhes dizer o que deveriam esperar. A realidade é que todos nós, homens e mulheres, de início, não sabemos o que fazer quando se trata de gravidez. A diferença é que as mulheres não têm outra escolha a não ser enfrentar o desconhecido. Elas não tentam, elas apenas *fazem*.

Quando minha esposa descobriu que estava grávida, ela procurou ler diversos livros para ajudá-la a aprender o que não sabia, como o quanto sua barriga ia se esticar e criar espaço para acolher um pequeno ser humano do tamanho de um peru de Natal, para depois expelir a criança por uma abertura do tamanho de um buraco de fechadura. E é claro, tudo isso depois de antever a dor inimaginável das contrações que vêm em ondas, enviando sensações leves e esporádicas de desconforto no início, mas depois triplicando em intensidade sísmica e ocorrendo mais próximas umas das outras. Ou considerando a alternativa *não tão confortável:* uma gigante agulha epidural, presa ao que mais parece uma pistola de calafetagem do que uma seringa, inserida em seu nervo espinhal. E não vamos esquecer a abertura vaginal, os pontos vaginais, as hemorroidas e a possibilidade de uma cesariana. Logo, um homem, um futuro pai, não deve usar o medo da incerteza e do desconhecimento como desculpa para evitar ou se esquivar de suas obrigações.

Em vez de ficarmos encostados, tomando o caminho do menor esforço e permitindo que nossas parceiras carreguem o fardo do que está por vir durante os próximos nove meses e além, nós precisamos deixar de lado as atitudes de "garotão" e aprendermos a ser o homem que nossas parceiras enxergam em nós, para que possamos ser o tipo de pai que nossos filhos irão admirar.

Serei o primeiro a admitir: o caminho do menor esforço é o mais fácil e mais conveniente. Embora isso possa passar batido quando se trata de miudezas, como lavar apenas suas roupas e não as dela (porque você não tem certeza de como lavar a roupa íntima de grife dela e não quer se dar ao trabalho de perguntar ou de aprender), ou quando lava seu carro, deixando-o limpo para a semana seguinte e o dela como se tivesse sido retirado do fundo de um lago, esta é uma situação em que isso simplesmente não vai colar. Trata-se de uma das maiores experiências que você terá em sua vida, portanto, envolva-se e tome as medidas necessárias.

Entre meus amigos íntimos, fui um dos primeiros a dar o grande passo (casar e começar uma família), e embora eu talvez não tenha expressado isso abertamente, parte do meu medo estava em minha preocupação em perder os laços que eu havia trabalhado tão duro para criar com "meus parças". Mas estava na hora. Era o momento de dar o salto para a vida adulta. Depois dessa epifania, eu decidi viver a vida nos seus próprios termos e deixar meus medos de lado. Os verdadeiros amigos sempre encontrarão o caminho de volta e a realidade era que eu estava começando a minha própria família. Decidi que não importava quantas vezes fôssemos abençoados com uma gravidez (quatro até agora), eu estaria ao lado de minha esposa tanto quanto possível. Até hoje, eu tive a sorte de faltar apenas em uma única consulta médica.

Não faz mal se sentir desinformado ou perdido durante esse período — e olha, como eu estava. Usei essa oportunidade desafiadora como algo a ser conquistado, uma jornada emocional e marcante em que poderia me encontrar para me conectar com minha esposa, nos transformando em parceiros mais fortes. Por mais que odiemos admitir nossos medos e fraquezas, não há melhor momento do que *agora*. Minhas fraquezas pesaram mais do que minhas forças, mas tentei compensar meus erros e potenciais embaraços dominando-os e tomando nota para nunca mais repeti-los.

É assustador. Vocês estão entrando em um grande mundo desconhecido, mas vocês farão isso *juntos*.

Quer você tenha decidido há muito tempo que terá um papel ativo na gravidez, ou chegou a essa conclusão só agora, nas próximas páginas vou me certificar de que você não perca tempo se perguntando o que pode ou poderia ter feito para ajudar ao longo do percurso.

A futura mãe já deve estar bem encaminhada sobre o que precisa fazer e eu lhe darei tudo o que você precisa para trilharem juntos essa incrível aventura transformadora. Portanto, levante do sofá e respire fundo, pois estamos prestes a encarar um trabalho pesado.

Os "comos" e os "porquês"

Quando decidi me dedicar à gravidez, embora com 16 semanas de atraso, logo voltei minha atenção aos livros que minha esposa já tinha lido e memorizado e que agora estavam do lado do vaso sanitário acumulando poeira. (Presumo que ela os deixou lá para mim).

Eu estava motivado a aprender o que estava acontecendo com ela em um nível físico *e* emocional para absorver essas informações e fazer a minha parte. Mas depois de ler os primeiros capítulos de um guia do tamanho de uma lista telefônica, eu me senti frustrado. Havia muita informação, algumas delas relevantes para ambos os pais, mas o livro foi escrito em maior parte para as mães. Não havia muitas coisas que eu poderia aproveitar como pai de primeira viagem para fins práticos no dia a dia.

Ao escrever este livro, meu principal objetivo não foi apenas dizer o que os pais devem esperar enquanto a barriga de suas parceiras cresce, mas também apontar o que você pode de fato fazer para dar apoio à sua família em crescimento. Demorei quase quatro meses para me atualizar, mas você pode começar agora. Este é um plano de ação de gravidez para os próximos 12 meses (não podemos nos esquecer do pós-parto) para que você possa ser sentir envolvido, engajado e produtivo.

Durante os últimos oito anos, escrevi mais de quinhentos artigos para meu blog, *Dad or Alive: The Confessions of an Unexpected Stay-at-Home Dad*[1], que também se tornou a base para meu primeiro livro, um livro de memórias engraçadas, voltado para pais. O livro explora minha acidentada transição de executivo de TV em tempo integral a, no fim, o principal cuidador das crianças. Também escrevi vários textos para os sites *HuffPost* e *The Bump* e para a revista *Parents*. Em 2013, eu produzi *Modern Dads* para a A&E, um programa focado em

1. Em tradução livre, "Pai ou Vivo: Confissões de um Inesperado Pai em Tempo Integral". O título do site é um trocadilho com a sonoridade de "Dad", que pode ser compreendido tanto como "Pai" ou como "Morto", e a clássica frase "[Procura-se] Morto ou Vivo".

homens de Austin, Texas, que ficavam em casa para cuidar das crianças. No início de 2017, conquistei uma posição como chefe de conteúdo criativo e de marca para uma enorme comunidade on-line chamada *The Life of Dad*[1]. Com toda essa "autoridade" profissional na paternidade, além de ser pai, você pode pensar que eu tiraria tudo de letra. Mas a vida não funciona dessa forma. Mesmo agora que minha esposa e eu estamos nos preparando para a nossa quarta criança, ainda me sinto perdido, reaprendendo muitas coisas que pensei já haver dominado.

No entanto, algumas coisas ainda continuam valendo, e se eu soubesse delas quando me tornei pai pela primeira vez, a vida teria sido muito menos estressante. Mas em defesa deste outrora futuro pai, eu nem sabia do que não sabia: eu não fazia a menor ideia de quais perguntas fazer. Teria sido útil ter algumas orientações de pais que passaram pelo teste de tentativa e erro da paternidade. Foi por isso que decidi escrever este livro: ele existe tanto por causa dos erros que cometi quanto por causa das lições que aprendi e que gostaria de saber logo no início dessa louca e maravilhosa aventura chamada paternidade. Ao longo deste livro, aponto as incertezas que você pode vir a ter, oferecendo um passo a passo semanal. Você vai descobrir que não precisa esperar até o bebê nascer para se envolver ou até que seu filho se forme no ensino médio para ganhar aquela placa, caneca ou camiseta de Pai do Ano.

Marcos semanais

Cada semana começa com uma rápida olhada nos marcos específicos da semana. Não é diferente de olhar para seu calendário na manhã de segunda-feira para ver o que está por vir durante a semana. Usando insights e lições de minhas próprias experiências pessoais com quatro gestações, cada semana começa com marcos iniciais que incluem informações vitais da gravidez — informações sobre o desenvolvimento do bebê, informações sobre a mãe e pelo o que ela está passando, lembretes e detalhes sobre as próximas consultas médicas ou eventos especiais — o que lhe dirá o que você precisa fazer. Além disso, você não terá compromissos, eventos importantes ou mesmo um bebê em todas as semanas (Bem-vindo à Semana 1. Confuso, eu sei.), então só receberá informações quando elas forem relevantes para aquilo que está à sua frente.

Metas familiares

Não é nossa responsabilidade ler mentes quando se trata das necessidades de nossas parceiras, mas quando o assunto é gravidez, nós, futuros pais, somos tão responsáveis quanto nossas parceiras grávidas por estarmos informados e fazermos a nossa parte da equação. Para tornar isso mais fácil, eu estruturei as metas em torno dos marcos específicos de cada semana para que você não fique se perguntando o que está acontecendo, o que vai acontecer ou o que você deveria estar fazendo. Se no início e no final do dia tudo o que você fez foi apenas perguntar vagamente o que poderia fazer para ajudar, você basicamente colocou todo o ônus novamente sobre ela e se tornou inútil. Seja proativo e atuante. Assuma a sua parte e prove a ela — e o mais importante, a você mesmo — que você tem perspicácia, confiança e vontade de lhe dar apoio.

Só para ficar claro, quando eu falo de metas semanais, não me refiro a simplesmente preparar comida uma vez ou outra quando você notar que ela está cansada demais para cozinhar ou tirar o lixo antes que ela peça. Para efetivamente aliviar o estresse enquanto ela gera um ser humano, especialmente porque você não pode se oferecer para carregar o bebê por ela, tome a frente e assuma a maioria dos afazeres domésticos. Torne-se o responsável por lavar a louça todas as noites, arrumar a casa ou preparar as refeições todos os dias. Esses são os tipos de metas práticas e cotidianas que eu irei sugerir.

Incluo também metas que o ajudarão a começar a pensar no futuro, coisas de contexto geral. Essas metas incluem coisas como listar perguntas a serem feitas na próxima consulta médica, considerar uma mudança se for do interesse da família, economizar dinheiro para contratar ajuda extra se você precisar ou falar com um consultor financeiro para obter perspectivas de orçamento ou investimento. Essas ações ajudarão a construir pontes robustas ao embarcar em sua jornada para o crescimento da família.

Embora essas metas do dia a dia tenham o objetivo de causar um grande impacto, nem sempre elas serão as grandes decisões ou as coisas que precisam ser abordadas, há muitos pequenos momentos e pequenas coisas que você pode estar inclinado a fazer para ajudar sua parceira a relaxar, aliviar o estresse ou simplesmente arrancar um sorriso em um momento inesperado.

Finalmente, embora eu tenha feito o meu melhor para traçar metas simples do dia a dia que ressoam com as expectativas da maioria dos parceiros e das famílias, é importante discutir seu planejamento com sua parceira. Certifique-se de que vocês estão em busca das mesmas metas e lembre-se sempre de que a comunicação é fundamental. Você pode habituar-se também a retomar esse padrão e encontrar força nele, uma vez que lhe servirá bem na gravidez, na paternidade, na sua relação e além.

Tipos de metas e de apoio

Outro motivo pelo qual tive dificuldades com a primeira gravidez de minha esposa é porque eu não sabia o que significava oferecer apoio. Como essa noção pode ser muito vaga e variada, eu categorizei as metas familiares pelos tipos de apoio que você pode oferecer por semana. Você vai notar que certos tipos de apoio superam outros, o que responde claramente ao "*o quê*" em relação às necessidades dela e às coisas que você pode fazer. Aqui está a lista dos tipos de apoio que você encontrará neste livro. Sinta-se à vontade para acrescentar e personalizar esta lista ao embarcar nesta viagem com sua parceira.

PAI NUTRI: *NUTRI* neste livro significará "nutricionista", portanto, essas metas têm a ver com o acompanhamento da nutrição pré-natal da parceira, certificando-se de que ela está comendo de forma saudável alimentos preparados que a ajudam em tudo, de um enjoo e cansaço matinal à produção de leite e deficiência em ferro.

PAPAI DOULA: essas metas envolvem qualquer coisa que tenha a ver com cuidados pré-natais (exceto a nutrição, mencionada anteriormente), trabalho de parto e cuidados pós-parto (amamentação) para a mãe e o bebê.

DONO DE CASA: essas metas se concentram em assumir as principais tarefas ou ser proativo sobre o que precisa ser feito em casa, para que sua parceira não tenha que se preocupar em dobrar a roupa quando sua barriga estiver grande ou responder a perguntas vagas sobre onde estão as coisas quando ela não consegue enxergar da barriga até os dedos dos pés.

GATILHO DE CONVERSA: destinadas a despertar discussões para que você possa abordar questões ou coisas que possam se tornar futuros problemas. Iniciar uma conversa também tem o objetivo de garantir que você mantenha a comunicação constante e em aberto.

ORÇAMENTO COM ECONOMIA: ter um bebê pode ser bem caro, logo, essas metas o ajudarão a estabelecer e/ou a aderir a um orçamento que se adapte às suas necessidades e estilo de vida.

REDUTOR DE ESTRESSE: ter um bebê também pode aumentar a ansiedade. Essas metas ajudam sua parceira a encontrar alívio físico e emocional quando ela precisar, ou ajudam vocês a terem pausas divertidas, engraçadas e relaxantes para que possam ter um respiro e recuperar o foco.

HORA DA UNIÃO: é fácil perder a intimidade em seu relacionamento quando você está tendo um bebê, pois suas prioridades mudam no processo. Embora algumas coisas não sejam as mesmas agora que não serão apenas vocês dois, ainda há pequenas ações que você pode fazer para se manter conectado à sua parceira. Essas metas ajudam você a planejar jantares românticos, celebrar datas especiais e até mesmo a criar laços enquanto se preparam para o bebê.

PLANO DIVERTIDO: uma das melhores coisas de estar esperando uma criança é poder compartilhar sua alegria e felicidade com a família e os amigos (as pessoas que mais importam) na hora certa. Essas metas ajudam você a planejar coisas como anunciar a chegada do bebê e revelar o gênero, o que se tornou mais sofisticado, fácil e interativo por conta das últimas atualizações de eletrônicos, mídias digitais e redes sociais.

EMPATIA NA GRAVIDEZ: é difícil entender pelo que sua parceira está passando quando você não tem os requisitos fisiológicos para gerar um bebê. É por isso que a prática da empatia pode levá-lo longe. Essas metas lhe ajudam a se colocar no lugar dela para que você possa atender melhor às suas necessidades físicas e emocionais.

EMPATIA NO PÓS-PARTO: essa é a mesma meta da empatia na gravidez, porém voltada para o período pós-parto, um momento de dolorosa recuperação e contínua oscilação de hormônios que causam desequilíbrios de humor e cansaço, tudo isso enquanto a mãe aprende a amamentar, acalmar o bebê e colocá-lo para dormir. Há muitos pesos sobre as costas da mãe e essas metas ajudam a garantir que você compreenda o que ela precisa durante este período desafiador.

PLANEJANDO-SE COM ANTECEDÊNCIA: para garantir os melhores resultados ou preparar-se para o inesperado, o planejamento antecipado é fundamental. Essas metas garantem que você esteja um passo à frente, quer seja em relação a algo grande, como avaliar sua situação de vida antes da chegada do bebê, ou algo menor, mas ainda impactante, como preparar a mala da maternidade e listar perguntas para a primeira consulta com o bebê.

CRECHE DO PAPAI: essas sugestões têm a ver com tarefas voltadas para o bebê, na maioria das vezes feitas só por você, como trocar as fraldas do bebê, acalmá-lo, colocá-lo para dormir e brincar com ele.

PONTO POSITIVO: essas metas referem-se a coisas atenciosas que você pode fazer para mostrar a sua parceira que você se importa com o bem-estar dela e aprecia todo o trabalho e os sacrifícios que ela está fazendo para trazer o bebê a este mundo.

O que importa para sua parceira deveria importar para você também

Você ainda pode estar se perguntando por que precisa estar tão envolvido, especialmente porque sua parceira já tem um médico, livros, mãe, amigas mães e seus instintos. Você também deve estar se perguntando quando terá tempo para atender às suas próprias necessidades enquanto estiver ocupado com as tarefas domésticas e listando perguntas para o médico do bebê. Se você ainda estiver inseguro sobre seu papel, peço que siga lendo e aprendendo.

Eu nunca me esquecerei do que minha esposa me disse durante a nossa primeira gravidez: "As mulheres se tornam mães no momento em que descobrem que estão grávidas e os homens se tornam pais quando veem seus bebês pela primeira vez — mas há nove meses no meio". A realidade é que não é preciso ser assim, e que nós, homens, devemos participar desde o início. Precisamos fazer um esforço para entender e perceber que esta não é uma viagem solo. Tudo se resume a esta simples constatação: **o que é importante para sua parceira deve ser importante para**

você porque vocês estão formando uma família. Em outras palavras, não se trata mais apenas de você, e seja lá o que você faça (ou não) terá um impacto em toda a família. Confie em mim.

O "Quarto Trimestre"

Provavelmente, quanto mais envolvido um pai estiver durante os nove meses de gravidez, mais ele estará pronto para fazer sua parte durante os três primeiros meses de vida da criança após o parto, que muitos chamam de "quarto trimestre". Esse termo foi cunhado a partir da noção de que os recém-nascidos são praticamente fetos fora do útero durante os três primeiros meses após o nascimento: eles precisam ser constantemente alimentados (a cada duas horas ou alimentados sob demanda) e não podem ser mantidos nem muito quentes nem muito frios, uma vez que recém-nascidos ainda não conseguem regular a temperatura corporal. O período pós-parto requer uma constante interação entre a mãe e o bebê para que ele possa ser mantido aquecido e confortável e o corpo dela possa aumentar a produção de leite (se ela quiser amamentar).

A mãe *realmente* precisa de você nas trincheiras com ela. Ela está se recuperando do processo de parto ou da cesariana, assim como precisa lidar com a amamentação e com os hormônios que estão no início da fase de regulação de volta ao normal. Entre a recuperação, a privação do sono e a sobrevivência básica, essas poucas semanas não são fáceis para qualquer um dos pais.

Pôr os pés no chão e estabelecer que vocês estão juntos nessa só fará o "quarto trimestre" menos intimidador para ambos e, portanto, mais administrável. Quanto mais preparados os dois estiverem, melhor será o bem-estar geral da família.

Uma vez fora do hospital e acomodados em casa, definir uma rotina com sua parceira é de suma importância. Uma rotina aliviará o estresse em ambas as vidas e permitirá que vocês foquem em se tornar grandes pais.

Como um grande amigo meu sempre diz: "A paternidade é a nova fraternidade". Bem-vindo ao clube, pai. Você vai se sair bem.

COMO O PAI...
BEBÊ
RESPOSTAS
Guia para Pais

PARTE 1

O PRIMEIRO TRIMESTRE

Os primeiros três meses de gravidez são alguns dos mais difíceis, mas eu estou aqui para ajudar! Se você planejou ou não a gravidez, essa aventura começa com uma menstruação atrasada. Não poupe despesas para investir em um teste de gravidez caseiro respeitável para determinar se isso é para valer. Uma vez que você e sua parceira tiverem descoberto que ela está grávida, haverá muitas perguntas sobre o que esperar durante as primeiras semanas. A Parte 1 deste livro responderá a essas perguntas. Considere este aviso: fará parte do nosso vocabulário termos como seios, mamilos sensíveis, aréolas escurecidas, manchas, cansaço, inchaço e frequência urinária. Não se preocupe, eles se tornarão familiares antes mesmo que você perceba. Com o tempo, você se tornará um especialista!

Uma das coisas mais importantes a considerar sobre o primeiro trimestre é seu estilo de vida atual. Itens como bebidas alcoólicas e tabaco não são adequados para uma gravidez saudável. A mãe deve ajustar seu estilo de vida tendo em mente que tudo que ela colocar em seu corpo pode e terá um efeito direto no bebê. Comer de forma saudável e descansar o suficiente são de suma importância e você pode gentilmente encorajar sua parceira a fazer isso.

Uma das primeiras coisas que vocês podem fazer juntos é pesquisar médicos (obstetras e ginecologistas: os obstetras se concentram na gravidez e no parto, e os ginecologistas na saúde do sistema reprodutivo feminino em geral) próximos à sua casa. Se sua parceira ainda não tiver um obstetra/ginecologista, obtenha indicações de seu clínico geral ou recomendações de amigos e pais na região. Ao se preparar para a consulta inicial, procure saber o histórico familiar e as datas importantes, como quando foi a última menstruação dela, pois são informações-chave.

Tenha em mente que durante as próximas 12 semanas o corpo da mãe se preparará para carregar um bebê por um longo tempo, e com isso, intensas mudanças hormonais estão por vir. Tudo isso é normal e a mãe pode contar com seu apoio, seja físico ou emocional. Como parceiro dela, você tem a tarefa silenciosa de se certificar de que ela está bem com essas mudanças e não muito afetada por uma depressão perinatal (depressão que ocorre durante a gestação até os meses seguintes). Esteja lá para ajudá-la a relaxar ou a lidar com qualquer problema.

Descobrir que você está esperando uma criança, ver seu bebê pela primeira vez em um ultrassom e ouvir o batimento cardíaco são momentos poderosos e marcantes na vida. Portanto, aproveite essa incrível e intensa experiência de união com sua parceira. Trazer um bebê para este mundo nem sempre é uma missão fácil. Mas é um milagre e uma bênção que deve ser tratada como tal.

Melhor
PAI
do mundo

CAPÍTULO 1

O primeiro mês

Se sua parceira acabou de engravidar, você ainda não vai notar muitas mudanças físicas ou emocionais. Pode haver um toque de cansaço ou sensibilidade nos seios, mas, na maioria dos casos, o corpo da mãe ainda está se preparando para os próximos oito meses de crescimento de outro humano. Parece moleza, certo? Errado.

Agora é o momento para vocês olharem para seu estilo de vida e considerarem se ele é propício para trazer um belo bebê a este mundo. Talvez seja a hora de fazer algumas mudanças (ou se você for afortunado, nem tantas) conforme você for se tornando um pai! Sendo assim, guarde seus bitcoins para um investimento em vez de gastá-los em itens questionáveis na internet.

Embora a gravidez possa não causar um grande impacto na sua vida neste mês, nunca é cedo demais para ser o melhor parceiro que você pode ser e dar apoio à mãe ao longo do caminho. Não se estresse: essa é uma das aventuras mais incríveis que você experimentará na vida!

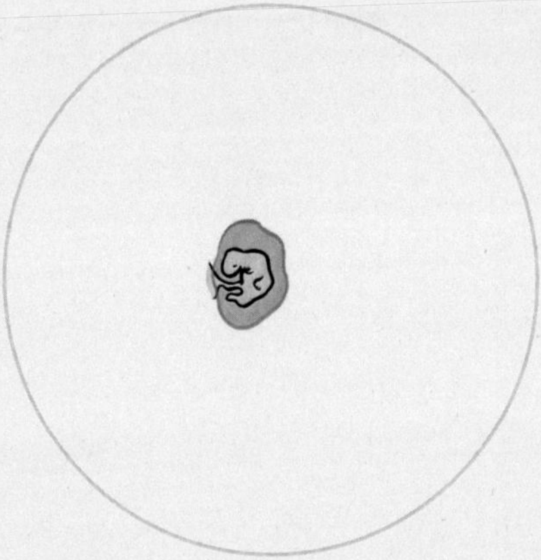

EMBRIÃO DE UM MÊS

NOVOS EQUIPAMENTOS

placenta, cordão umbilical, saco amniótico e uma cauda

COMPARAÇÃO DE TAMANHO

semente de papoula, grão de sal,
o ponto final de uma frase

SEMANA 1

Preparação para a gravidez

Uma das coisas que sempre me confundiu enquanto tentava acompanhar o andamento da gravidez de minha esposa era o fato de que não havia um bebê durante a Semana 1. Isso se deve ao curioso fato de que a primeira das quarenta semanas começa com o primeiro dia da última menstruação da sua parceira. Há uma razão para isso: é mais fácil rastrear as menstruações do que a ovulação, cujos sinais não são tão perceptíveis em muitas mulheres. É também um sistema padrão confiável e aceito em todo o mundo para confirmar uma gravidez.

Ao longo dos anos, minha esposa e eu nos referimos a esse período, em tom de brincadeira, como tempo de "namorar" ou "praticar" para ter um bebê. Nas primeiras três gestações, tivemos a sorte (dependendo do ponto de vista) de desfrutar apenas de um ou dois "encontros" antes de o teste de gravidez caseiro revelar a emocionante notícia. Eu estava pronto para praticar mais!

Na última parte da terceira gravidez da minha esposa, considerada de alto risco porque ela tinha 35 anos de idade, levou mais do que alguns "encontros" para engravidá-la; na realidade, passamos meses conferindo o cronograma da ovulação dela para termos o resultado desejado na hora certa. Note que, mesmo durante as primeiras das quarenta semanas, sua parceira não apresentará nenhum sintoma de gravidez ou de crescimento do feto, mas ela estará liberando um óvulo, estabelecendo as condições para que a concepção ocorra. O terreno está sendo preparado para *o grande jogo*.

PRIMEIRO TRIMESTRE	PRIMEIRO MÊS	SEMANA 1

ATUALIZAÇÕES DA MÃE

- Sua parceira está no período menstrual e encontra-se na primeira semana do ciclo.

COMPROMISSOS INADIÁVEIS

- Marque uma consulta com o clínico geral dela para garantir que não haja problemas de saúde pendentes que interfiram na concepção.

Metas familiares

EMPATIA NA GRAVIDEZ: mostre interesse desde o início. Já que ambos estão comprometidos com a ideia de ficarem grávidos e começar uma família, não hesite em falar abertamente sobre suas expectativas e medos. Por outro lado, pergunte à sua parceira como ela está se sentindo. Não há nada errado em mostrar animação pela possibilidade de trazer um lindo bebê a este mundo!

PAI NUTRI: pense como um nutricionista. Sua parceira provavelmente está tomando vitaminas pré-natais carregadas com ácido fólico, uma supervitamina que ajuda a reduzir o risco de defeitos no tubo neural (cérebro e medula espinhal) durante a gestação. O ácido fólico também é encontrado em alimentos como feijão, ervilhas, nozes, abacates, brócolis, couves, nabos verdes e quiabos. Libere seu *chef* interior e faça algo fácil e delicioso para ela, como torradas com abacate. Ou, se você tiver tempo, em fogo baixo, prepare um pouco de sopa de ervilha. Ela e seu futuro bebê lhe agradecerão por isso!

PAPAI DOULA: estimule um estilo de vida saudável. Acabou a festa! Lembre-a de como é importante evitar certos hábitos, como fumar e beber! Com certeza, ela já terá essa necessidade em mente. Se você fuma ou bebe, talvez esta seja uma oportunidade de ser altruísta e dar um tempo ou, no mínimo, evitar esses hábitos enquanto estiver perto dela.

EMPATIA NA GRAVIDEZ: seja solidário enquanto vocês estiverem tentando engravidar. Nem todas as mulheres são capazes de engravidar de imediato. Ajude sua parceira a manter-se otimista para evitar quaisquer preocupações desnecessárias.

SEMANA 2

Ovulação e fertilização

O 14º dia do ciclo de ovulação da sua parceira chegou. Espere, você não recebeu o e-mail? Essa notificação não apareceu em seu telefone nesta manhã? Talvez não seja sempre esse dia, mas geralmente cai entre os dias 12 e 16, então é hora de entrar em ação.

Este é o dia a que me referi anteriormente como dia de "namorar" ou "praticar". Serei o primeiro a admitir que há muita pressa desnecessária no ar aqui. Uma vez que o óvulo é liberado, ele sobrevive por cerca de 12 a 24 horas, e é então que a fertilização ocorre. Vocês dois devem tentar estar em sintonia para alcançar o mesmo objetivo: levar o estilo de vida mais saudável possível agora, de modo que toda a energia e esforço que vocês apresentarem neste momento irá gerar enormes dividendos no final.

Eu não conheço ninguém que tenha realmente colocado as músicas do Barry White para tocar e criar um clima, mas é hora de se inspirar. Vá e aumente o som do jazz ou daquela sua playlist de músicas lentas, faça bem a barba, borrife seu melhor perfume e arrume uma camisa social. É hora da mágica (ou vários minutos, no caso).

Se a fertilização do óvulo ocorrer durante esta semana, seu bebê é um zigoto que percorreu as tubas uterinas, em direção ao útero. Mesmo com um alto desempenho dos espermatozoides, ainda levará de três a cinco dias para o esperma chegar ao útero para a implantação.

PRIMEIRO TRIMESTRE	PRIMEIRO MÊS	SEMANA 2

ATUALIZAÇÕES DO BEBÊ

- O óvulo entra em contato com o esperma.
- O óvulo pode ser fertilizado nesta semana, mas é minúsculo, cabendo na cabeça de um alfinete.

ATUALIZAÇÕES DA MÃE

- Terminou o período menstrual da mãe e é tempo de ovulação.
- O colo do útero pode ter um aumento de secreção de muco e ela pode apresentar mittelschmerz, que não é um xingamento usado em jogos de futebol. Esse é um tipo de dor associada à liberação do óvulo e a maioria das mulheres nem a percebe.
- Os níveis de estrogênio estão aumentando e sua parceira pode apresentar um típico ganho de peso do ciclo menstrual de cerca de 225 gramas. Por outro lado, ela também pode se sentir excitada mais facilmente, pois seu corpo a leva em direção à fertilização, então aumente o volume da música sensual dos anos 1970.

COMPROMISSOS INADIÁVEIS

- Libido aflorada durante o ciclo de ovulação de sua parceira.

Uma maneira simples para você manter seu calendário secreto em dia é lembrar-se dos números 7, 14, 21 e 28. Se sua parceira tem um típico ciclo de 28 dias, seu período é a primeira semana, dia 14 é a ovulação, dia 21 é a implantação e dia 28 é quando a agulha na vitrola volta ao início.

Metas familiares

PAPAI DOULA: deixe a mãe descansar um pouco: dormir é de suma importância. Não há mal nenhum se a mãe começar a seguir um padrão de sono saudável enquanto tenta engravidar. Tenha respeito dentro do espaço compartilhado: não é necessário mantê-la acordada até a meia-noite com comentários de mesa-redonda televisiva que podem ser ouvidos pela casa toda.

PAI NUTRI: continue se concentrando na alimentação. A alimentação continua a ser de suma importância para os próximos nove meses e além, se a mãe amamentar. Pense em surpreender sua parceira presenteando-a com um belo caderno para incentivá-la a escrever e monitorar o que ela está comendo e quais atividades físicas ela faz durante a semana. Talvez vocês possam até combinar de fazer exercícios juntos; essa pode ser uma ótima justificativa para se encontrarem após o expediente.

PONTO POSITIVO: vinho e jantar ou apenas jantar. Quem disse que tentar gerar um bebê precisa ser trabalhoso? Antes de partir para a troca de carícias, encare a noite como se estivesse em um encontro de verdade. Convide-a para jantar fora e assistir a um filme. Quem sabe, talvez você até se divirta o suficiente a ponto de esquecer que está tentando gerar um bebê. Fazer isso sem estar sob tensão é exatamente do que o seu corpo precisa.

SEMANA 3

Concepção

Se tudo tiver funcionado da maneira que deveria, seu esperma ganhou velocidade e chegou ao óvulo, tal como um veículo em um filme de perseguição. Esse ponto de contato forma o zigoto. O zigoto terminou sua jornada através das tubas uterinas e continua sua divisão e multiplicação celular. Eu sei, eu sei. Respire fundo, tome uma aspirina e passe óleos essenciais em suas têmporas — a matemática também nunca foi o meu forte.

A célula fertilizada (zigoto) se divide pela primeira vez horas após o espermatozoide ter encontrado o óvulo. Ela continua a se dividir e, após vários dias, amadurece em uma bola de células, o que, para colocar as coisas em perspectiva, é significativamente menor do que o ponto final que conclui esta frase.

Parabéns, agora você tem um blastocisto! Esse termo pode não ser o apelido mais bonito para dar a seu bebê em crescimento e eu suponho que você e sua parceira possam pensar em um nome melhor. Na nossa família, já apelidamos o blastocisto de diversas formas: desde ervilha a feijão e broto, e de Skittle a jujuba e chiclete. Talvez você prefira algo um pouco mais másculo, como Rambo, Dirty Harry ou de Pequeno Charles Bronson. Fica totalmente a seu critério.

PRIMEIRO TRIMESTRE	PRIMEIRO MÊS	SEMANA 3

ATUALIZAÇÕES DO BEBÊ

- O óvulo está dividindo as células e permanece microscópico.
- O óvulo, que consiste em cerca de cem células, é agora chamado de blastocisto.

ATUALIZAÇÕES DA MÃE

- Ela continua apresentando um muco cervical mais espesso associado à ovulação.
- Ela também apresenta uma temperatura corporal um pouco superior à normal.
- Seu humor está provavelmente mais calmo e otimista.

Metas familiares

PONTO POSITIVO: deixe espaço para a sobremesa. A mãe pode sentir um ligeiro aumento no apetite esta semana com as mudanças hormonais. Não há necessidade de criticar a quantidade de alimentos que ela come. Na verdade, se você estiver preparando o jantar em casa, pode ser uma excelente oportunidade para fazer uma surpresa. E não, picles e sorvete provavelmente não são a melhor aposta.

SEMANA 4

Implantação e a grande divisão

Esta é uma semana emocionante, mas estressante para você e a mãe. Ao perceber que a menstruação atrasou, ela está livre para fazer um teste de gravidez em casa, embora a precisão não seja a máxima até cerca de uma semana após o atraso do período. Pode ser difícil esperar pelo dia certo para fazer um teste de gravidez. Você pode obter um falso negativo se ela testar cedo demais, entretanto, é quase impossível obter um falso positivo.

Testes domésticos de gravidez servem para verificar o hormônio hCG, que começa a aumentar exponencialmente após a implantação. Alguns testes de gravidez podem apontar o resultado vários dias antes do período atrasado da parceira (normalmente no dia 28), mas a menos que você compre um desses testes, é melhor esperar, para evitar um desapontamento desnecessário.

Sua bolinha de células é agora oficialmente chamada de embrião. Ela atingiu o útero e está se aninhando no revestimento uterino, onde permanecerá alocada e ficará conectada até o nascimento. É aqui e agora que o embrião começa a fazer o que é chamado de a "grande divisão": ele se divide em dois grupos, um deles se tornará seu filho ou sua filha e o outro se tornará a placenta, a linha de vida de seu bebê durante a estadia uterina.

PRIMEIRO TRIMESTRE	PRIMEIRO MÊS	SEMANA 4

ATUALIZAÇÕES DO BEBÊ

- A bola de células continua a aumentar de tamanho e está agora mais ou menos do tamanho de uma semente de papoula.
- Seu bebê é agora oficialmente considerado um embrião.
- Os órgãos do bebê começam a se desenvolver nesta semana!

ATUALIZAÇÕES DA MÃE

- O embrião está se prendendo ao revestimento uterino, um processo conhecido como "implantação".
- Algumas mulheres podem sentir a implantação com um leve sangramento e cólicas cerca de sete a 12 dias após a ovulação. Isso causará manchas, acompanhadas de cólicas menstruais.
- A mãe também pode notar algumas mudanças nos seios nesta semana, como o aumento da sensibilidade dos mamilos, dor ou inchaço.
- Um aumento na frequência urinária é geralmente um dos primeiros sinais da gravidez.

COMPROMISSOS INADIÁVEIS

- Se o teste de gravidez feito em casa der positivo, você precisa marcar uma consulta imediatamente com o obstetra/ginecologista da sua parceira.

O saco amniótico, também chamado de bolsa, começará a se formar, assim como o saco vitelino que eventualmente será incorporado ao trato digestivo no desenvolvimento do bebê. Cada camada do embrião (totalizando três agora) está começando a crescer em partes especializadas do corpo:

- Endoderma — a camada interna, que formará o sistema digestivo, fígado e pulmões.
- Mesoderma — a camada intermediária, que formará o coração, órgãos sexuais, ossos, rins e músculos do bebê.
- Ectoderma — a camada externa, que formará o sistema nervoso, cabelo, pele e olhos.

Você consegue perceber tudo que está acontecendo? Por que não assumi a responsabilidade de ser um parceiro mais compreensivo na primeira vez? Em retrospecto, percebo isso, e talvez eu esteja em uma posição diferente, pois estou mais velho e mais maduro, mas agora acho esse processo muito fascinante.

Metas familiares

GATILHO DE CONVERSA: reavalie sua situação de vida. *Onde você está morando? É um ambiente saudável para criar um bebê?* Essas são perguntas que você e sua parceira devem se fazer quando estiverem tendo uma discussão franca sobre a grande mudança que se aproxima. Se você acha que não tem espaço suficiente para um novo membro na família, seja proativo e comece a usar alguns sites e aplicativos básicos para encontrar um novo lugar para viver. Caso contrário, talvez você possa encontrar maneiras de melhorar as condições da residência atual.

Você tem espaço suficiente para um berçário? Minha esposa e eu vivíamos em um apartamento de dois quartos no oeste de Los Angeles quando descobrimos que ela estava grávida. Embora eu estivesse apreensivo no início, tive que transformar aquele segundo quarto (minha "caverna", misto de escritório e local de distrações masculinas) em um berçário completo com paredes rosa e cortinas de chiffon.

Que mudanças de vida precisam ser feitas para garantir que você esteja pronto para dar as boas-vindas a um bebê em oito meses e meio? A realidade é que a noite de pôquer pode precisar ser transferida para outro local: nada de grupos de oito caras fumando charutos e bebendo álcool na sala de estar enquanto a mãe tenta ficar em repouso.

PAPAI DOULA: planeje acompanhá-la durante as próximas consultas pré-natais. Comunique-se com sua parceira e insista em ir com ela quando a primeira consulta pré-natal estiver marcada. A experiência de aliviar o estresse *e* segurar as mãos dela na sala de espera é uma memória e um sentimento de que você nunca irá esquecer.

MELHOR PAI
DESSA
CASA

CAPÍTULO 2

O segundo mês

Por fora, o corpo da mãe ainda não está mostrando muito em relação à gravidez e talvez você e sua parceira escolheram não contar nada a ninguém ainda. Mas só porque você não quer dizer para ninguém que ela terá um bebê não significa que ela não está sentindo nada.

A mãe se sente cada vez mais cansada. As náuseas aumentam e ela pode começar a ter enjoos matinais. Há enormes mudanças hormonais ocorrendo dentro do corpo dela e seus seios estão se preparando para produzir leite. Os mamilos doem muito, então cuidado com o que você tiver em mente!

Sua parceira vai precisar de todo o seu apoio — neste ponto, pode ser um encorajamento para manter uma alimentação saudável, fazer exercícios moderados e tratar o corpo como um templo. Você deve ajudá-la a criar um ambiente perfeito dentro do corpo dela, mas também faça sua parte para tornar a vida doméstica mais tranquila.

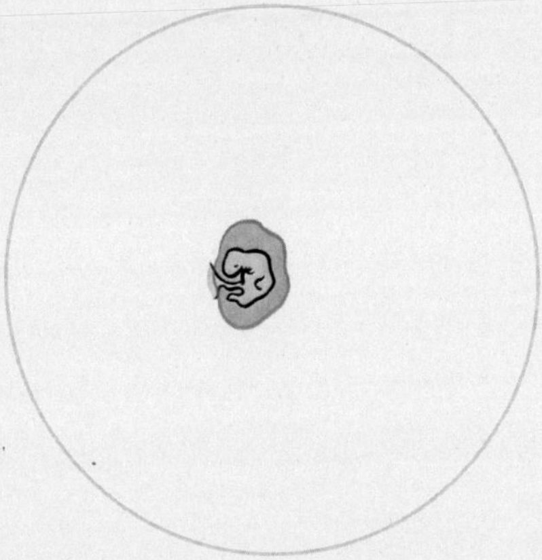

FETO DE DOIS MESES

NOVOS EQUIPAMENTOS

rosto, olhos, mãos, pés, tubo neural, coração

COMPARAÇÃO DE TAMANHO

framboesa, jujuba, comprimido de aspirina

SEMANA 5

O tubo neural

Sempre senti que o primeiro mês de gravidez começou e terminou antes mesmo de eu ter a oportunidade de reconhecer o que estava acontecendo com minha esposa. Mesmo que ela não demonstre, há muita coisa acontecendo.

O embrião está começando a parecer-se cada vez menos com uma bola de células e mais com um girino. Lembra-se da semana passada quando falamos sobre aquela camada externa de células chamada ectoderma? É nela onde o tubo neural está se desenvolvendo. Ele será a base para todo o sistema nervoso e a coluna vertebral.

A camada do meio, mesoderma, é onde o sistema circulatório, o esqueleto, o coração e as veias começam a se desenvolver. A terceira camada, endoderma, irá eventualmente conter os órgãos do bebê, mas por enquanto ele se conecta pela placenta, que transporta todos os nutrientes necessários para ajudá-lo a crescer.

Por fora, a mãe provavelmente não parece muito diferente. No entanto, ela poderá sentir náuseas ocasionais, aumento de sensibilidade nos seios e uma vontade constante de urinar à medida que a gestação avança.

PRIMEIRO TRIMESTRE	SEGUNDO MÊS	SEMANA 5

ATUALIZAÇÕES DO BEBÊ

- Seu bebê tem o tamanho de uma pequena semente de limão.
- O coração, que tem aproximadamente o tamanho de uma semente de papoula, começa a tomar forma e a bater.
- O tubo neural está aberto, mas fechará na próxima semana. Ele eventualmente se tornará o cérebro e a medula espinhal.

ATUALIZAÇÕES DA MÃE

- Ela sente uma contínua sensibilidade mamária e pode haver um aumento de tamanho dos seios.
- Ela continua a urinar com frequência.
- Ela pode sentir náusea.
- Seu cansaço começa a se manifestar.

COMPROMISSOS INADIÁVEIS

- Espero que você já tenha marcado a primeira consulta com seu médico ou parteira.

Metas familiares

DONO DE CASA: encarregue-se das principais tarefas domésticas. Tente ver as coisas desta maneira: se a mãe trabalha fora de casa em tempo integral ou não, ela agora tem um segundo emprego — gerar um ser humano dentro dela. Dê uma geral na casa e avalie as coisas mais importantes a serem feitas para manter seu lar em ordem. Isso se aplica às situações em que a futura mamãe costuma tomar a frente em relação à casa, especialmente a limpeza. O cansaço sentido pela mãe é legítimo. Ofereça-se para fazer a parte dela das tarefas domésticas e estimule-a a relaxar e a ficar de pernas para o ar por um momento. Talvez isso possa ajudar a "conhecer o sistema" que está em vigor ou sugerir que você reorganize algumas coisas da casa, adaptando de acordo com o que funciona melhor para vocês. Tome nota: a maioria das mulheres acha sexy ver seu homem arrumar a casa.

PAPAI DOULA: alerte a mãe quando você estiver fora de casa e os banheiros ficarem disponíveis para uso. Você vai se surpreender com a frequência com que ela irá urinar. Seja um cavalheiro e peça para ela entrar antes de você no carro e seja paciente se ela precisar parar no meio do caminho para ir ao banheiro de novo e de novo.

SEMANA 6

Seu bebê tem um rosto

Eu sempre achei engraçado quando os livros ou recursos on-line me diziam que "meu bebê tem um rosto". Ao ler isso, eu imaginava instantaneamente o rosto do Chris Farley, do Jack Nicholson ou da Oprah.

Isso não quer dizer que o bebê já esteja pronto para fazer filmes de comédia, atuar em dramas premiados ou apresentar um *talk show*. Ele ainda tem apenas o tamanho de um M&M e enquanto a cabeça representa uma grande parte do seu corpo (cerca de seis milímetros ou mais), os olhos, ouvidos e nariz estão apenas começando a se formar, tornando-se mais distintos. O pequeno coração palpitante está bombeando sangue através das pequenas veias e as pequenas protuberâncias que acabarão por se tornarem os braços e pernas estão começando a se formar.

A mãe ainda não apresenta muito volume na barriga, mas seus mamilos estão escurecendo e os seios estão ficando maiores. Os cabelos podem estar ficando mais espessos à medida que os hormônios os impedem de cair *e* as unhas também podem começar a ficar mais fortes e compridas.

PRIMEIRO TRIMESTRE	SEGUNDO MÊS	SEMANA 6

ATUALIZAÇÕES DO BEBÊ

- O feto está desenvolvendo os olhos, os ouvidos, a mandíbula, as bochechas e o queixo.
- Os rins, o fígado e os pulmões estão tomando forma.
- O coração está batendo 110 vezes por minuto.

ATUALIZAÇÕES DA MÃE

- A mãe pode apresentar um certo "brilho".
- Os cabelos podem ficar mais grossos e as unhas mais fortes.
- Os seios ficam maiores e os mamilos mais escuros.
- Seus hormônios podem causar alterações de humor.

COMPROMISSOS INADIÁVEIS

- A Semana 6 é a mais comum para a realização da primeira consulta pré-natal. A urina e o sangue serão testados quanto à deficiência de nutrientes e a mãe será pesada e terá sua pressão sanguínea medida.
- O médico também pode fazer um rápido exame pélvico.

Metas familiares

GATILHO DE CONVERSA: prepare-se para a primeira consulta pré-natal. Verifique se sua parceira tem uma lista de perguntas para fazer ao médico. *Atenção*: você também deve saber o primeiro e o último dia do último período menstrual da mãe. Ela vai se surpreender com o quanto você está prestando atenção.

PAPAI DOULA: incentive a prática de exercícios. Certo, talvez você não precise invocar o seu senhor Miyagi interior e provavelmente não é apropriado pedir à sua parceira para pintar cercas fazendo movimentos coordenados para cima e para baixo, mas incentivar que ela faça algum tipo de exercício diário é ótimo para a mãe e para a saúde do bebê. Lembre-se do *smartwatch* para exercícios que você comprou para ela no Dia dos Namorados. É hora de lembrá-la de usá-lo.

PAPAI DOULA: esteja atento às alterações de humor no período pré-natal. Conscientizar-se da potencial ansiedade e depressão é a melhor maneira de lidar com isso. Tenha em mente que a maioria das mulheres guarda esses sentimentos para si, então você pode precisar ser inquisitivo com sua parceira e fazer a ela algumas perguntas.

PERGUNTAS PARA A PRIMEIRA CONSULTA PRÉ-NATAL

- *Quanto peso ela deveria estar ganhando e a que ritmo?*
- *Dada a idade, ela deveria se preocupar com alguma condição ou restrição?*
- *Ela precisa de exames específicos e, em caso afirmativo, quando eles ocorrerão?*
- *E quanto à dieta? Existem certos alimentos que ela deveria comer? De quais alimentos ela deve se manter afastada?*
- *Ela pode se exercitar? Por quanto tempo?*
- *Minha parceira pode continuar fazendo sexo? Existe alguma restrição?*
- *Ela pode viajar sem restrições? Por quanto tempo?*
- *Ela pode pintar os cabelos? Receber massagens?*
- *Ela deveria tomar vitaminas pré-natais?*
- *E se ela tiver perguntas adicionais? Quando ela pode lhe telefonar ou enviar um e-mail?*

SEMANA 7

Pés e mãos

Esta semana está repleta de sinais da gravidez, alguns bem evidentes. O bebê está crescendo a uma taxa exorbitante e seu esqueleto está totalmente formado. O esqueleto ainda não é o osso duro com o qual estamos acostumados, e sim macio e maleável. As protuberâncias de que falamos na semana passada são agora mais parecidas com uma raquete, dividindo-se em mãos, braços e segmentos de ombros, junto a segmentos de pernas, joelhos e pés. O sistema digestivo, os rins, o fígado, o pâncreas e o apêndice do bebê agora estão desenvolvidos. Felizmente, você não terá que se preocupar em trocar fraldas sujas por mais alguns meses.

A mãe pode começar a se sentir um pouco indisposta. A náusea, os enjoos matinais e/ou a aversão a certos alimentos podem ter aumentado drasticamente. Esse período da gravidez volta à minha cabeça toda vez que somos agraciados o suficiente por termos outro filho a caminho. Parece que em toda gravidez, como um relógio, um dia, minha esposa acorda e começa a farejar pela casa. O *superolfato* chegou.

Primeiro, ela implica com meus tênis de ginástica ou com as botas que nossa filha costuma calçar sem meias por semanas. Então ela vai em direção ao meu baú ou ao armário do quarto de nosso filho (onde o cachorro escondeu meia fatia de pizza). Eventualmente, seu superolfato a leva à geladeira da cozinha e, sem aviso prévio, eu tenho uma nova habilidade para colocar em meu currículo do LinkedIn: fui oficialmente promovido a "encarregado de cheirar as coisas para verificar se elas estão podres".

PRIMEIRO TRIMESTRE | SEGUNDO MÊS | SEMANA 7

ATUALIZAÇÕES DO BEBÊ

- Seu bebê está tão grande quanto um mirtilo e dez mil vezes maior do que na concepção!
- O esqueleto inteiro se formou, mas ainda está macio e maleável.
- O cérebro está se desenvolvendo a uma taxa de cem células por minuto.
- O sistema digestivo, rins, fígado, apêndice e pâncreas estão ajudando na gestão de resíduos.
- As protuberâncias que eventualmente formarão os braços e as pernas continuam a crescer e logo se dividirão em mãos e pés.

ATUALIZAÇÕES DA MÃE

- O útero dela duplicou de tamanho para acomodar o bebê.
- A placenta agora desenvolveu filamentos chamados "vilosidades" que transferem nutrientes da mãe para o bebê.
- Ela pode sentir enjoos matinais e/ou aversões alimentares.
- Surge um sexto sentido: o superolfato.
- Os desejos da gravidez podem começar.

COMPROMISSOS INADIÁVEIS

- Se vocês marcaram a consulta na Semana 6, então vocês provavelmente foram informados pelo médico de que deveriam discutir a realização de exames pré-natais para verificar condições genéticas ou cromossômicas.

O que isso significa? Se houvesse algo no refrigerador que poderia estar próximo do fim da validade, eu era designado a usar meu nariz nele para avaliar a situação do alimento.

Minha esposa não dá nenhuma chance no que diz respeito a creme azedo, leite velho, queijo embolorado ou ravióli "fermentado" que eu de alguma forma esqueci de jogar fora. Para ela, essas coisas significam vômito certo.

Metas familiares

DONO DE CASA: dê novos ares à casa: o superolfato não é brincadeira. Pense em fazer uma limpeza profunda na casa. Alugue ou compre um aspirador para os tapetes. Limpe a geladeira e o freezer e se livre de coisas que já tiveram dias melhores. Leve várias latas de lixo para a frente da casa, assim como o primo Eddie (de *Férias Frustradas de Natal*), regue-as depois com um pouco de sabão e você estará pronto para a próxima faxina.

PAI NUTRI: expanda seu cardápio como cozinheiro. Encontre diferentes maneiras de cozinhar, tente preparar vegetais como cenouras, beterrabas ou talvez couve-de-bruxelas e couve-flor.

HORA DA UNIÃO: coma ao ar livre. Se o dia estiver bonito, procure alguns parques públicos da sua região. Talvez existam algumas trilhas fáceis de caminhar que vocês possam fazer. Se você quiser combinar as duas ideias, dobre um lençol e embale um pouco de água com gás, um queijo duro (queijos moles não são bons para mulheres grávidas) e algumas bolachas e você terá conseguido um encontro.

PONTO POSITIVO: cerque-a com suas fragrâncias prediletas. Se você realmente quer viver de forma selvagem, descubra o aroma que *ela gosta*. Então não deixe de comprar no caminho do trabalho para casa um difusor de lilás ou de sândalo para surpreendê-la!

SEMANA 8

Dedos

Você pode se sentir tranquilo esta semana, uma vez que a cauda de seu bebê quase já sumiu por completo. Então vá beber uma cerveja e relaxar!

Eu estou apenas brincando. Há ainda um monte de coisas que você precisa acompanhar...

Parabéns, não só porque o bebê agora parece menos reptiliano e mais humano, mas também porque agora ele tem pálpebras e está desenvolvendo os pulmões. Seu minúsculo coração está batendo duas vezes mais rápido do que o seu e o bebê está começando a fazer movimentos espontâneos de contração. Os dedos dos pés e das mãos estão começando a ganhar mais definição. No entanto, as pontas dos dedos ainda se assemelham às de um sapo ou "daquele cara" da piscina do seu clube que usa equipamentos de natação como se estivesse treinando para as Olimpíadas.

Os dedos dos pés podem ser interessantes de se enfatizar. Será que ele ou ela tem dedos dos pés comuns como os meus ou dedos de Morton (uma condição em que o segundo dedo do pé é maior do que o dedão) como os da minha esposa? Esse é um debate contínuo e intenso em nossa casa.

De qualquer forma, os dedos dos pés são dedos dos pés e são lindos. Ele ou ela talvez apenas precise ter cuidado ao escolher chinelos de dedo ou sapatos abertos para compromissos especiais.

PRIMEIRO TRIMESTRE | SEGUNDO MÊS | SEMANA 8

ATUALIZAÇÕES DO BEBÊ

- Seu bebê tem o tamanho de uma framboesa.
- Seu coração bate a uma taxa incrível de 150 a 170 vezes por minuto.
- Seus dedos das mãos e dos pés estão se desenvolvendo, assim como as pálpebras.
- Primitivas vias neurais para o cérebro e tubos bronquiais estão se formando.

ATUALIZAÇÕES DA MÃE

- A barriga da mãe ainda está razoavelmente reta, mas por causa do útero estendido ela pode ter dores abdominais.
- Alterações de humor, superolfato, enjoos matinais, desejos e aversões alimentares ainda são possíveis.
- Ela precisará urinar com frequência.
- Ela pode experimentar cansaço e pouca energia.

COMPROMISSOS INADIÁVEIS

- Se você ainda não marcou a primeira consulta, esse é um compromisso bastante urgente, portanto, faça isso o mais rápido possível.
- O médico também pode fazer um rápido exame pélvico.

Durante anos, minha esposa argumentou que um dedo de Morton significava que você era mais esperto e mais criativo. Entretanto, depois de ter pesquisado sobre o assunto, sou capaz de dizer: "De acordo com o Google, você está totalmente errada!" (o que me deixa muito feliz, mas eu estou digredindo).

Metas familiares

REDUTOR DE ESTRESSE: procure fazer algo divertido para aliviar o estresse. Os hormônios da gravidez da mãe estão em pleno funcionamento. Assim, encontrar uma distração para as mudanças de humor e a ansiedade é uma boa alternativa. O que você pode fazer para distrai-la? Convidar amigos para jogar cartas? Desafiá-la para um jogo de palavras cruzadas? Que tal uma partida de minigolfe?

EMPATIA NA GRAVIDEZ: ouça mais, fale menos. Os hormônios da mãe estão se preparando para o que ocorrerá nos próximos meses, o que pode causar algumas mudanças abruptas de humor. Seja paciente e ouça-a, mesmo que às vezes pareça que a conversa não é tão relevante quanto normalmente poderia ser.

melhor
ADULTO
do mundo
com as crianças

CAPÍTULO TRÊS

O terceiro mês

Este mês é um grande marco na gravidez. Sua parceira está chegando ao final do primeiro trimestre. Ainda que o cansaço esteja aumentando e ela sinta necessidade de ir ao banheiro várias vezes a mais durante o dia do que o normal, há uma luz no fim do túnel.

Se ela está sentindo enjoos matinais, o fim disso está próximo (se ela for como a maioria das mulheres). Entretanto, isso não muda o fato de que seu útero está em contínua expansão e, como a barriga está crescendo, um leve desconforto e problemas para dormir são outros fatores que vão começar a aparecer.

Mas a parte animadora deste mês é que você provavelmente terá a primeira consulta médica e há boas chances de poder ouvir o batimento do coração do bebê pela primeira vez, o que é uma grande experiência por si só. O fim deste mês também acarreta uma redução drástica no potencial de aborto e isso também pode significar que você e sua parceira escolheram contar a boa nova para aqueles que lhe são próximos. Será excelente deixar a família e os amigos saberem do seu incrível segredo!

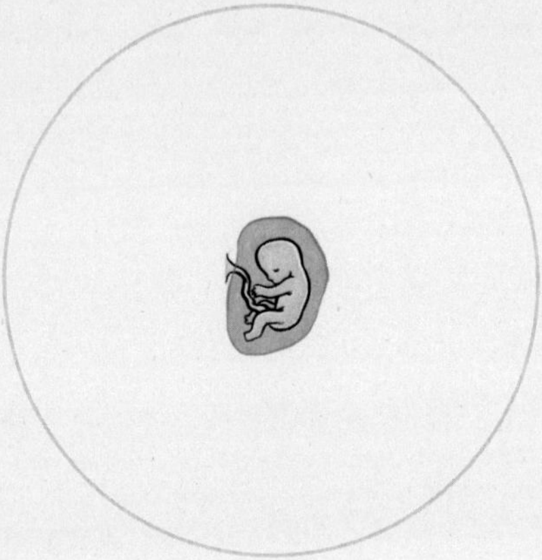

FETO DE TRÊS MESES

NOVOS EQUIPAMENTOS

boca, nariz, orelhas, braços, dedos dos pés, dedos das mãos, ossos, órgãos: intestinos, fígado, rim, bexiga

COMPARAÇÃO DE TAMANHO

ligeiramente maior do que um soldadinho de brinquedo

SEMANA 9

Começando a parecer com uma pessoa

Ao entrar no terceiro mês, seu bebê tem cerca de 2,5 centímetros de comprimento, o que é quase o mesmo tamanho de uma azeitona. Em apenas alguns meses, a mãe poderá sentir os pontapés e socos do pequeno, mas isso não significa que o bebê não esteja cheio de vida. Seu minúsculo coração já começou a bater!

Houve momentos entre as consultas médicas em que minha esposa se sentia nervosa e simplesmente queria ter o conforto de ouvir o batimento cardíaco de nosso bebê quando ela chegava do trabalho ou antes de tomar um banho morno (não quente!) antes de dormir.

À medida que o bebê começa a se desenvolver, a ansiedade aumenta. Faça o melhor para manter as coisas calmas e encontre as melhores soluções.

Metas familiares

PAI NUTRI: faça um chá calmante de gengibre. Pai, é hora de conhecer o gengibre. Essa raiz de origem chinesa que se parece com dedos pode ser uma grande arma contra náuseas associadas a enjoos matinais. Geralmente você pode encontrá-lo na seção de produtos de qualquer mercearia decente. Use um descascador de vegetais para tirar a pele de um dos nós, triture-o, ferva e ofereça à mãe para beber com um pouco de mel ou açúcar.

REDUTOR DE ESTRESSE: Considere adquirir ou alugar um doppler portátil. Desde nossa primeira gravidez, minha esposa e eu utilizamos um aparelho desses, que permite ouvir o batimento cardíaco do bebê e são relativamente baratos. Este dispositivo portátil tem sido uma mão na roda para aliviar o estresse e a preocupação, garantindo boas noites de sono. Não desanime se for preciso muitas tentativas para ouvir as batidas do coração. Com a prática e a progressão natural da gravidez, fazer isso se tornará bem mais fácil e você será quase um especialista.

PRIMEIRO TRIMESTRE | TERCEIRO MÊS | SEMANA 9

ATUALIZAÇÕES DO BEBÊ

- As articulações do bebê estão começando a se mexer.
- Os dedos dos pés e das mãos se definem e a boca, o nariz e os olhos se tornam mais distintos.
- Seu bebê tem cerca de 2,5 centímetros de comprimento, ou o tamanho de uma azeitona.

ATUALIZAÇÕES DA MÃE

- Todos os efeitos físicos do primeiro trimestre seguem em plena atividade.
- O humor da mãe tende a oscilar.
- O estresse e o cansaço são recorrentes.

SEMANA 10

Finalmente um feto

A Semana 10 é um dos grandes marcos do primeiro trimestre. Esta é a semana em que o embrião enfim se torna um feto. Os cotovelos estão começando a se mexer, pequenos dentes formam-se sob a gengiva e, se for um menino, os testículos estão começando a se desenvolver. Esta pode ser a semana em que a mãe começa a notar um crescimento externo em sua barriga. Se vocês já tiveram a primeira consulta médica, provavelmente precisam se informar com o médico, pois os resultados dos exames pré-natais chegarão em breve.

Metas familiares

ORÇAMENTO COM ECONOMIA: estabeleça um orçamento para roupas de gestante. À medida que a mãe se adapta à nova realidade, talvez seja hora de começar a economizar para comprar roupas novas. Faça um pouco de pesquisa on-line primeiro, pois calças jeans para grávidas podem não ser baratas. Pode ser uma boa semana para voltar às tarefas domésticas e dar um tempo na fabricação das cervejas artesanais que você faz em casa. Para aqueles que estão em sua segunda ou terceira gravidez, pode ser uma boa hora para entrar no porão ou sótão de casa para achar aquele cesto com trinta peças de roupas sujas da última gravidez e lavá-las.

PRIMEIRO TRIMESTRE | TERCEIRO MÊS | SEMANA 10

ATUALIZAÇÕES DO BEBÊ

- O bebê oficialmente passou de embrião para feto.
- Todos os órgãos vitais estão no lugar.
- Os ossos e cartilagens do bebê estão se formando, assim como os joelhos e tornozelos.
- O bebê apresenta uma testa saliente com um cérebro crescente, unhas das mãos e dos pés.

ATUALIZAÇÕES DA MÃE

- O útero dela dobrou de tamanho, passou de uma pera para uma toranja.
- Esta pode ser a semana em que a barriga da gravidez aparece.
- Um sutiã maior e roupas de gestante estão a caminho.
- Ela pode sentir dor no abdômen à medida que ele se estica para acomodar o bebê.
- As variações de humor ainda estão em vigor.

COMPROMISSOS INADIÁVEIS

- É muito provável que vocês marquem a segunda consulta com o médico para rever os resultados dos exames pré-natais iniciais. Normalmente, o peso, a pressão sanguínea e a urina da mãe também são verificadas. O exame genético de sangue (não necessariamente coberto pelo plano, a menos que ela seja de alto risco) pode ocorrer durante esta consulta, se vocês tiverem decidido fazer isso.

HORA DA UNIÃO: relaxe com a mãe. Embora nossos interesses sejam diferentes, minha esposa e eu ocasionalmente compartilhamos a preferência por uma série na Netflix ou programa de TV. Tentamos muitas vezes jantar aos domingos à noite e maratonar alguma série para ficar com ela em dia. Antes de termos filhos, jantávamos no quarto, o que era o fim perfeito para uma semana estressante e nos ajudava na recuperação para a semana difícil que se aproximava.

PAPAI DOULA: sugira uma aula de ioga. Com as dores ligamentares que se tornam cada vez mais predominantes no abdômen dela, uma aula de ioga pré-natal pode ser exatamente o que ela precisa.

PONTO POSITIVO: leve-a às compras. O útero da mãe continua a crescer, assim como a barriga dela. Aquelas calças jeans e blusas apertadas não vão mais caber. Sugira sair com ela para experimentar roupas novas ou incentive-a a visitar uma amiga que esteve grávida recentemente para pedir emprestadas algumas roupas usadas.

SEMANA 11

Ossos e dentes

Pode não haver muito a notar quando se trata da aparência externa da mãe nesta semana. Apesar do fato de que o bebê mede provavelmente menos do que o comprimento de seu polegar, a mãe começa a ganhar um pouco de peso aqui e ali. A Semana 11 sempre foi um momento emocionante para minha esposa e para mim. Nós já havíamos feito nossa primeira consulta pré-natal e a primeira ultrassonografia. Nós sempre seguimos a regra das 12 semanas: não contamos a ninguém fora de nossa família que ela estava grávida até o terceiro mês. A porcentagem de chance de aborto espontâneo tende a cair bastante quando chega o fim do primeiro trimestre. Minha esposa e eu sofremos um aborto espontâneo no início de nosso primeiro trimestre, entre os bebês três e quatro. Foi um momento muito devastador para nós. O que tornou a situação um pouco mais fácil foi saber que alguns de nossos amigos infelizmente também passaram por experiências semelhantes à nossa. Saber que não "fizemos nada errado" foi bem terapêutico para nós. O mais importante que conseguimos tirar dessa perda foi a ideia de contar a algumas pessoas antes de 12 semanas. É importante contar às pessoas sobre a gravidez antes se elas forem as pessoas que você chamaria caso ocorresse um aborto espontâneo e você precisasse da ajuda ou do apoio delas. Durante nosso aborto espontâneo, tivemos que dizer a nossos pais não só que estávamos grávidos, mas também que houve um aborto e essa foi uma situação realmente horrível. Aprendemos e decidimos falar com as pessoas mais próximas assim que obtivemos nosso primeiro teste de gravidez positivo.

PRIMEIRO TRIMESTRE | TERCEIRO MÊS | SEMANA 11

ATUALIZAÇÕES DO BEBÊ

- O bebê tem quase quatro centímetros de comprimento, pesa cerca de sete gramas e sua cabeça equivale a cerca da metade do tamanho do seu corpo.
- Os ossos do bebê estão endurecendo, seu tronco está alongando e seus folículos capilares, unhas das mãos e dos pés estão começando a se desenvolver.
- Os dentes estão se formando sob as gengivas.
- Os órgãos do bebê continuam a se desenvolver e crescer.

ATUALIZAÇÕES DA MÃE

- É o exato momento em que a mãe pode começar a exibir a barriga da gravidez.
- As roupas de gestante começaram a ser usadas.
- A mãe provavelmente ganhou de 450 gramas a 2,2 quilos.

COMPROMISSOS INADIÁVEIS

- Certifique-se de marcar a segunda consulta pré-natal.

EM CASOS DE ABORTOS ESPONTÂNEOS

Dada a nossa posição na linha do tempo da gravidez, é necessário mencionar que abortos espontâneos infelizmente costumam ocorrer. Há inúmeros fatores que levam a abortos espontâneos, incluindo a idade (acima de 35 anos), estilo de vida, dieta, doenças crônicas e emergências médicas, como uma gravidez ectópica. A perda de uma criança em qualquer idade ou fase de desenvolvimento é devastadora, portanto, se isso acontecer com você e sua parceira, mantenham-se unidos e apoiem-se mutuamente. E por favor, não deixe que isso a afete a ponto de pararem de tentar. A seção Recursos (página 272) apresenta alguns lugares onde você pode ir para obter apoio e aconselhamento pós-luto.

Como agora você atingiu a marca das 11 semanas, é uma excelente oportunidade para falar sobre como você vai anunciar o fato de que vai ter um bebê. Seja você um pai iniciante ou não, este é um momento emocionante para você e para todos do seu círculo social. As mídias sociais (especialmente o Facebook) facilitaram a realização de anúncios importantíssimos como esse de uma maneira rápida e abrangente. Você ficará surpreso com o quanto de estresse é aliviado, assim como quantos velhos amigos podem ressurgir para compartilhar sua alegria.

Metas familiares

GATILHO DE CONVERSA: defina a quem contará a notícia. Essa é provavelmente a semana mais difícil para manter seu segredo. A barriga da mãe está começando a se tornar visível e a maioria dos casais tenta esperar até o final do primeiro trimestre para anunciar a grande notícia à família, aos amigos e postar no temido Facebook. Discuta com sua parceira a quem você acha que deve contar. Em nosso caso, havia certas pessoas que achávamos que deveriam saber da novidade antes de ler sobre a nossa gravidez no Twitter.

PLANO DIVERTIDO: planeje a revelação. Pense em ideias criativas sobre como contar à família e amigos próximos. Talvez você tenha um bom amigo que seja fotógrafo ou talvez você receba uma indicação, mas esta é uma ótima semana para contratar alguém durante uma hora para fazer uma sessão de fotos para o anúncio. As fotos também podem ser usadas em seu álbum de fotos particular.

ORÇAMENTO COM ECONOMIA: compre extensores de calça jeans. Como a barriga começa a crescer, a futura mãe terá dificuldades para fechar o zíper da calça jeans. Ela está crescendo mais do que suas roupas normais comportam, mas ainda não está exatamente pronta para vestir as roupas de gestante. Antes de estourar o orçamento com coisas que você não tem certeza de que ela realmente vai precisar quando as roupas normais estiverem fora de questão, compre extensores de calça jeans para que ela ainda possa usar as calças normais enquanto vocês dois mantêm o orçamento para roupas de gestante intacto.

SEMANA 12

Reflexos

O bebê *dobrou* de tamanho nas últimas semanas e o desenvolvimento dele está em pleno vigor. O bebê começou a fazer movimentos de sucção para se preparar para comer e pode responder a estímulos externos, mas ele ainda é muito pequeno para que a mãe possa sentir qualquer coisa.

Sua parceira está chegando muito perto do fim do primeiro trimestre e essa gravidez começa a parecer real para vocês dois. Eu me lembro dessa época durante cada gravidez que compartilhamos. A barriga de minha esposa estava começando a aparecer, ela estava comprando novas calças (ou procurando calças antigas no sótão) e vestindo blusas leves e soltas e eu mantinha um ar de orgulho em todos os lugares aonde fôssemos.

Certa proteção e sensibilidade começaram a crescer dentro de mim. Eu me disponibilizava para abrir a porta e ajudar minha esposa a entrar no carro, coisas que eu deveria fazer normalmente, mas por alguma razão o sentimento de cavalheirismo se revigorou dentro de mim. Aguente firme. Para a maioria dos caras, é aqui que a viagem parece estar começando!

PRIMEIRO TRIMESTRE | TERCEIRO MÊS | SEMANA 12

ATUALIZAÇÕES DO BEBÊ

- Seu bebê tem o tamanho de um limão.
- Os intestinos, olhos e ouvidos do bebê estão no lugar.
- O bebê começa a ter reflexos, embora ainda seja muito pequeno para que a mãe perceba os movimentos.
- O bebê começa a responder a estímulos externos.

ATUALIZAÇÕES DA MÃE

- A parte superior do útero está acima dos ossos pélvicos.
- Ela sente-se desconfortável deitada de bruços, porque o útero pressiona o abdômen.
- Ela sente indigestões ocasionais.
- As variações de humor e o cansaço contínuo da mãe começam a diminuir.

COMPROMISSOS INADIÁVEIS

- Veja a Semana 10 como um lembrete para marcar a importante consulta do segundo trimestre.

Metas familiares

PLANO DIVERTIDO: planeje o anúncio da gravidez. Se vocês conversaram na semana passada sobre como anunciar a gravidez, leve isso para o próximo nível. Pesquise alguns modelos de fotos ou a melhor maneira de imprimir e enviá-las. Nós também fizemos uma videoconferência com nossos pais, irmãos e outros membros da família, além de termos dado a notícia pessoalmente ou por e-mail para os funcionários dela. Uma vez feito isso, nós nos sentimos à vontade para publicar um post de mídia social que chegou a todos os outros.

HORA DA UNIÃO: planeje uma viagem. Este é um momento magnífico para começar a planejar uma viagem juntos. Em pouco tempo, pode ser muito difícil para a mãe acampar com você no fim de semana, mas ela pode aproveitar um passeio sentada à beira de uma piscina ou nas areias de uma bela praia. Não que haja algo de errado com um contato mais imersivo com a natureza: é que relaxar é muito melhor. Apenas certifique-se de não planejar nenhum voo após a Semana 36. (Falo sobre isso novamente mais tarde no livro).

SEMANA 13

Enfim, um trimestre

Enquanto a barriga da mãe só agora está começando a se tornar proeminente, ocorreram outras mudanças não tão sutis. Se você esteve em sintonia com sua parceira, deve ter notado que ela passou por um bom número de mudanças físicas que, para uma mãe em sua primeira gravidez, podem ser difíceis de engolir. As dores de cabeça são frequentes. A principal razão para essas dores de cabeça simples ou enxaquecas complexas (não as desejo nem para meu pior inimigo) são os hormônios da gravidez.

Você provavelmente está pensando: "Grande coisa. É uma dor de cabeça. Tome algo para se recuperar e bola para frente". No entanto, a maioria dos remédios comuns está fora de cogitação e podem causar efeitos bastante negativos sobre o feto. E embora ela possa não ter compartilhado suas tribulações com você, a prisão de ventre é outro grande problema, pois ela encerra o primeiro trimestre. Com o útero se expandindo ao hospedar o crescimento de outro ser humano, ele tende a agir

PRIMEIRO TRIMESTRE	TERCEIRO MÊS	SEMANA 13

ATUALIZAÇÕES DO BEBÊ

- A cabeça do bebê mede agora um terço do tamanho de seu corpo.
- A cabeça e o corpo estão começando a se tornar mais proporcionais.
- O bebê apresenta impressões digitais.
- As meninas têm óvulos em seus ovários.

ATUALIZAÇÕES DA MÃE

- A mãe apresenta uma notória barriga de gravidez.
- Os seios dela começam a produzir colostro.
- O risco de um aborto espontâneo diminui significativamente.
- O desejo sexual dela pode aumentar.

COMPROMISSOS INADIÁVEIS

- Veja a Semana 10 e certifique-se de que a segunda consulta médica já foi marcada ou já ocorreu.

Metas familiares

PAI NUTRI: prepare refeições menores. A melhor maneira de ajudar a combater a prisão de ventre é preparar refeições menores para a mãe, garantindo que ela não se empanturre nos horários das refeições. Considere dividir três períodos de refeição para cinco ou seis refeições menores ao longo do dia, em vez de deixá-la comer como se estivesse em uma competição de quem come mais. Além disso, não se esqueça dos *líquidos*. Água e suco tendem a amolecer as fezes, e com uma ingestão regular isso deve ajudar a aliviar a necessidade de criar um escritório temporário no banheiro.

EMPATIA NA GRAVIDEZ: apoie as mudanças emocionais. Seja paciente e compreensivo. Depois de quatro gravidezes, sei que a mudança nas emoções está a caminho e muitas vezes me esforço para manter as coisas arrumadas para que não haja muita bagunça a ponto de deixá-la irritada.

HORA DA UNIÃO: marque um encontro à noite. Para muitas mães, por conta dos hormônios da gravidez, o desejo sexual aumenta. Entre os hormônios, as curvas recém-formadas e o crescimento dos seios, não é incomum que ela sinta como se o termostato sexual estivesse ligado. Talvez agora seja uma excelente oportunidade para marcar um encontro com ela à noite. Você pode levá-la para jantar (sem excessos, talvez algumas beliscadinhas) e assistir a um filme. Em seguida, massageie os pés dela em casa e surpreenda-a com seu sorvete favorito — então veja onde tudo isso vai dar...

PAPAI DOULA: ajude-a com as dores de cabeça. Há algumas formas simples de evitar dores de cabeça. Certifique-se de que sua parceira está comendo regularmente e reduzindo o estresse em sua vida e ajude-a a encontrar tempo e um lugar calmo para relaxar. Você ficará surpreso com o quanto essas pequenas ações podem funcionar.

CHECKLIST DO PRIMEIRO TRIMESTRE

LAR:

- ☐ Discuta sua situação de vida com sua parceira. Foque em ter a casa pronta para a chegada do bebê.
- ☐ Assuma o controle da casa. O objetivo é fazer a mãe sentir-se menos estressada e assumir a responsabilidade, administrando a casa.
- ☐ Estabeleça um orçamento para as roupas de gestante.
- ☐ Comece a pesquisar sobre compras para quando o bebê estiver maior, como cadeirinha para o carro, carrinho de bebê e câmeras de vídeo.
- ☐ Certifique-se de que seu seguro cobre vida, invalidez, proprietários de casa ou aluguel, automóvel ou qualquer outra cobertura especial que você possa precisar.

BEBÊ:

- ☐ A alimentação será de extrema importância. Embora o bebê ainda não esteja por perto, verifique se a mãe está comendo bem e obtendo alimentos nutritivos o bastante.
- ☐ Planeje o anúncio: pense em uma maneira divertida de anunciar a chegada do bebê para seus entes queridos.

MÃE:

- ☐ Certifique-se de que ela elimine o fumo e o álcool, se isso se aplicar a ela.
- ☐ Ajude a sua parceira a entrar em um ciclo de sono regular e em um regime de exercícios diários.
- ☐ Leve-a às compras de roupas de gestante.
- ☐ Planeje uma viagem: o segundo trimestre é o momento ideal para viajar antes que isso se torne muito difícil para ela, então comece a planejar agora.

CONSULTAS PRÉ-NATAIS:

- ☐ Entre quatro a oito semanas é a primeira visita para:
    - ☐ Teste de sangue
    - ☐ Ultrassom (para batimento cardíaco)
    - ☐ Exame físico
    - ☐ Exame pélvico
    - ☐ Visão geral dos cuidados pré-natais para os próximos oito meses

PARTE 2

O SEGUNDO TRIMESTRE

Para muitas mulheres, o segundo trimestre é de longe o mais fácil — não que qualquer etapa da gravidez seja fácil na realidade. No entanto, neste período a mãe tende a superar muitos dos primeiros sintomas de gravidez e recupera seu apetite e energia de volta. O bebê vai passar por grandes saltos de desenvolvimento, que iremos abordar. Uma das descobertas mais emocionantes deste trimestre será a revelação de que você terá um menino ou uma menina — claro, se você se importa em descobrir. Minha esposa e eu gostamos de planejar e sempre sentimos a necessidade de saber o sexo do bebê com antecedência para ter o máximo de tempo possível para montar um berçário, comprar roupas para os primeiros três meses e descartar a velha lista de nomes. Você pode até mesmo pensar em uma maneira de revelar o gênero do bebê.

Montar um berçário é uma grande oportunidade para vocês dois trabalharem um ao lado do outro e colocarem a criatividade para funcionar no quarto do bebê. E enquanto fizerem as compras dos móveis do quarto, da roupa de cama e dos acessórios, vocês também podem visitar alguma loja grande para começar a listar os itens do chá de bebê. Vamos falar sobre a criação de uma lista de itens que darão à família e amigos uma oportunidade fácil de dizer parabéns *e* ajudar vocês a terem tudo o que precisarem para o bebê. Além disso, falaremos sobre quando seria um bom momento para você e sua parceira discutirem um plano de parto e pensar em fazer uma visita ao berçário do hospital ou ao centro de parto.

Há muita coisa acontecendo nas próximas 14 semanas entre as consultas médicas e o cumprimento de suas muitas listas de afazeres. Você também não pode se esquecer de falar com seus empregadores a respeito da licença-maternidade ou mesmo da licença-paternidade. Mas não se preocupe! A Parte 2 não só se aprofunda em tudo o que você viu no final do primeiro trimestre, como também inclui um breve checklist que consolida todos os marcos e metas importantes a serem trabalhados.

PAI
mais elegante
EM UMA
CALÇA JEANS

CAPÍTULO 4

O quarto mês

O quarto mês marca o início do segundo trimestre, que para muitas mães pode ser o mais confortável dos três. Com sorte, o excesso de náusea, vertigem e a constante necessidade de urinar podem diminuir (pelo menos temporariamente). O apetite e os níveis de energia da mãe podem se estabilizar, e embora os seios tenham aumentado bastante, eles não devem mais doer tanto. A barriga da mãe começará a parecer menos como se ela tivesse acabado de comer uma farta ceia de Natal e mais como se ela estivesse grávida, à medida que a barriga se torna mais proeminente.

Há muito que podemos fazer como futuros pais durante a gravidez, mas este trimestre é em especial uma boa oportunidade para fazer coisas como montar o berçário, ajudar a mãe a relaxar e listar vários itens que vocês precisarão ter em casa (ou bolsas de fraldas para ambos) para quando vocês finalmente trouxeram o bambino ao lar.

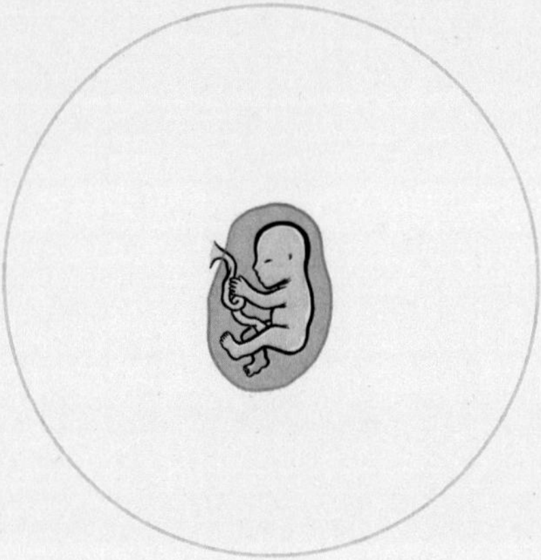

FETO DE QUATRO MESES

NOVOS EQUIPAMENTOS

pescoço, lanugo

COMPARAÇÃO DE TAMANHO

um pouco menor que uma bola de beisebol, pepino em conserva, bulbo de lâmpada

SEMANA 14

Fazendo caretas

A Semana 14 é um grande marco! Sua parceira conseguiu superar o primeiro trimestre com a ajuda do seu amor e apoio. Talvez, na última semana, vocês tenham feito o anúncio oficial a seus amigos e familiares e as reações estão ocorrendo. É uma sensação maravilhosa se reconectar com velhos amigos e compartilhar sua alegria com eles — mas cuidado: a caixa de Pandora pode ter sido aberta. Fazer um anúncio dessa magnitude (especialmente se você for pai pela primeira vez) sempre abre portas para opiniões e críticas que não serão necessariamente bem-vindas. Outros pais (em específico, as mães) poderão se oferecer para dar conselhos sobre cada situação, portanto, tenha cuidado com o que você pede quando for perguntar sobre paternidade nas mídias sociais.

Nesta semana pode ocorrer a primeira das consultas do segundo trimestre. O médico continuará a monitorar a urina, a pressão sanguínea, o peso e o crescimento do feto. Os testes genéticos podem ser uma opção e se ela for considerada uma gestante de alto risco, o plano geralmente assume o custo. A determinação do gênero também pode ser incluída nesse mesmo teste. Você quer descobrir ou prefere ter uma surpresa?

SEGUNDO TRIMESTRE | QUARTO MÊS | SEMANA 14

ATUALIZAÇÕES DO BEBÊ

- Seu bebê tem quase o tamanho de uma bola de beisebol.
- O corpo do bebê está se alongando.
- O bebê tem um pescoço e seus rins estão funcionando.
- O "lanugo", um pelo fino e curto, está se desenvolvendo no corpo do bebê.

ATUALIZAÇÕES DA MÃE

- O útero dela continua a se expandir.
- O enjoo matinal está começando a desaparecer, mas o refluxo ácido ainda pode piorar.
- Ela sente mais desconforto na região abdominal à medida que o bebê cresce.
- Ela pode apresentar flatulência.

COMPROMISSOS INADIÁVEIS

- As consultas do segundo trimestre começam agora, geralmente ocorrendo a cada quatro semanas.

Espero que a mãe esteja começando a se sentir um pouco melhor e a superar os enjoos matinais, mas ela pode continuar a ter refluxo. Você pode querer correr atrás de uma máscara de gás porque ela terá um significativo aumento de flatulência. Particularmente, é difícil não comentar os puns ocasionais ao longo dos anos e por mais que eu não me importe e ache isso engraçado, essa é uma questão sensível para a maioria das mães e algo que elas queriam que nunca acontecesse. Talvez seja uma melhor opção segurar as risadinhas. Ou, se ela compartilhar do seu senso de humor, você pode criar um sistema de classificação para poder gritar "Querida, esse foi um 7,5!" do andar de cima.

Metas familiares

DONO DE CASA: comece a pensar no berçário. Caso você não tenha percebido, a mãe pode estar virando a casa do avesso, lavando, secando, dobrando, organizando e reorganizando os armários. Isso é chamado de "aninhamento" e é comum para a maioria das gestantes. No mínimo, você e sua parceira devem estar falando se você vai ter que desmontar o escritório de casa ou talvez transformar o quarto de hóspedes em um berçário. Isso pode levar várias semanas para acontecer, portanto, não espere até o último minuto! Enquanto discutem isso, tenha em mente que a mãe não pode e não deve levantar ou empurrar móveis e objetos grandes. Não que você já não seja um cavalheiro, mas você precisará se encarregar de sempre levantar os objetos pesados daqui para frente, por assim dizer.

PLANEJANDO-SE COM ANTECEDÊNCIA: informe seu patrão sobre a gravidez. Se você ainda não disse a seu empregador, fale com ele ou envie um e-mail para o RH, deixando a empresa saber sobre a possível data de nascimento do bebê e a possibilidade de você precisar se ausentar ocasionalmente para comparecer às consultas de check-up. Se seu trabalho for especializado, é uma boa ideia ter algumas sugestões sobre como manter as coisas em funcionamento enquanto você está fora do escritório. Da mesma forma, se a mãe estiver trabalhando fora de casa, ela vai ter essas conversas com o empregador dela. A licença-maternidade ou licença-paternidade é uma experiência muito importante e vocês não devem se sentir como se estivessem deixando sua vida profissional de lado, focando em seus novos cargos de mãe e pai. A mãe deve conferir que tipo de licença-maternidade a empresa oferece — ou uma ausência de curto prazo pode ser uma opção no estado dela. Algumas empresas também oferecem licença-paternidade. Não custa perguntar, caso contrário, você pode usar o tempo das férias para estar mais presente quando o bebê nascer.

SEMANA 15

O bebê pode respirar

A mãe pode sentir o bebê se mexer nesta semana, o que é algo bastante mágico. Também é o momento de descobrir o sexo do bebê, quer seja através do exame de ultrassom ou (se sua parceira se enquadra no grupo de alto risco de mulheres com 35 anos ou mais) de testes genéticos.

Junto a esses dois momentos marcantes, preste muita atenção sempre que você vir sua parceira mexer em qualquer objeto de importância, como chaves do carro, celular, carregador de telefone ou garrafa de água. Digo isso, pois um dos menos conhecidos efeitos colaterais de ter um bebê é o cérebro de grávida. Essa é uma condição na qual sua parceira pode esquecer ou perder coisas a cada cinco minutos. É um ótimo momento para encontrar um lugar em comum para pôr o maior número possível de itens, quer se trate de uma mesa, um gancho ou um recipiente. Se ela se lembrará ou não de usar tal lugar é a variável nessa experiência! Acho que já perdi tantas horas procurando por chaves de carro quanto as vezes que minha esposa conduziu o carro durante cada um de seus segundos trimestres.

SEGUNDO TRIMESTRE | QUARTO MÊS | SEMANA 15

ATUALIZAÇÕES DO BEBÊ

- Os pulmões do bebê, embora primitivos, estão funcionando.
- As pernas do bebê são agora mais longas do que seus braços.
- As papilas gustativas do bebê começaram a se desenvolver.

ATUALIZAÇÕES DA MÃE

- A barriga da mãe está ficando maior.
- O que pode parecer um tremor, espasmo muscular ou movimento de gases nos intestinos pode ser um movimento do feto.
- Ela pode experimentar muito cedo as contrações de Braxton Hicks, que a preparam para o parto.
- O cérebro de grávida começa a se manifestar, resultando em confusão, distração e deixando a mãe um pouco atrapalhada.
- O estresse psicológico pode começar a atormentá-la, como medos sobre a saúde do bebê. Conforme mencionado na Semana 6, você precisa ficar alerta a sinais de transtornos de humor pré--natais e educar-se sobre o impacto que a depressão pós-parto pode ter nas novas mamães.

COMPROMISSOS INADIÁVEIS

- Se vocês tiverem marcado uma segunda consulta pré-natal e o seguro não cobriu o teste genético, é possível marcar uma ultrassonografia para determinar o sexo do bebê.

Metas familiares

PLANO DIVERTIDO: planeje o anúncio do gênero do bebê. Você descobriu e decidiu contar às pessoas o sexo do bebê? Tenho três linhas de pensamento sobre esse assunto. Primeiro, se você e sua parceira se considerarem planejadores fanáticos assim como eu e a minha esposa, vocês vão querer saber o mais rápido possível para começar a olhar as cores dos berços, móveis, cortinas e outros acessórios. Conhecer o sexo também ajuda os amigos e a família a comprarem alguns itens antes da chegada do bebê. Em segundo lugar, você pode esperar e ter aquele incrível momento de descoberta em que entra na sala de espera do hospital, até que sai gritando a plenos pulmões que vai ter *um menino ou uma menina!* Ou terceiro, você e sua parceira poderiam descobrir e manter segredo de todos até o grande dia! Nós até mesmo conhecemos pessoas que estavam grávidas de gêmeos e não contaram a ninguém até a chegada dos bebês. A surpresa foi realmente muito grande. Devido às riquezas da internet, há muitas maneiras de se inspirar e encontrar outras opções.

EXAMES DIAGNÓSTICOS PRÉ-NATAIS

Exames diagnósticos pré-natais, que apontam defeitos congênitos ou doenças genéticas, podem ser conduzidos de algumas maneiras diferentes. Um ultrassom pode ser feito, assim como um exame de alfa-fetoproteína (AFP), amostragem de vilosidades coriônicas (AVC), teste de fibrose cística e amniocentese. São momentos difíceis enquanto você está à espera dos resultados, por isso é importante continuar a incentivar o pensamento positivo entre vocês dois.

PAPAI DOULA: confira o ganho de peso. Não é uma má ideia verificar o ganho de peso da parceira e conferir com o médico se ela está dentro de uma faixa saudável.

PAPAI DOULA: inscreva-a em uma massagem pré-natal. Uma surpresa muito legal e divertida pode ser reservar um serviço de massagem para sua parceira. Isso mostra que você se preocupa em ajudá-la a relaxar e a desestressar.

PAPAI DOULA: previna a mãe contra gripes e resfriados. O corpo da mãe está trabalhando em dobro para expandir o útero e fazer o bebê e a placenta crescerem e isso pode ter certo custo para o sistema imunológico. Consulte o médico para saber se ela pode receber uma vacina contra gripe ou tomar probióticos. E lembre-se: a lavagem constante das mãos é obrigatória.

PLANEJANDO-SE COM ANTECEDÊNCIA: discuta um plano de parto. Será que ela prefere um parto na água feito em casa? Sua parceira pretende ter um parto natural mais tradicional em um hospital ou em um centro de parto? E se houver complicações e uma cesariana de emergência for necessária? Vocês precisam estar em *sinto-*

nia (junto a seu médico) caso na hora ela esteja sofrendo demais para decidir. Explore cada opção, decida por uma e depois deixe transcorrer o processo de nascimento — banque o advogado do diabo e sugira cenários em que vocês possam precisar de um plano B.

SEMANA 16

Preparando-se para um surto de crescimento

Seu pequeno bebê cresce a um ritmo exponencial. Quando eu leio sobre gravidez e olho para minha esposa a cada noite depois do trabalho, sinto que estou vendo Dustin tomar conta de Dart na segunda temporada de *Stranger Things* (embora minha esposa seja muito mais bonita do que Dart).

Em outras palavras, o bebê está ficando maior a cada dia e provavelmente mede cerca de 12 centímetros agora. Seus músculos estão ficando mais fortes e a mãe não deve se assustar caso sinta qualquer movimento ocasional. Ele também pode começar a responder a estímulos externos, papai. Não se surpreenda se a mãe sentir o bebê se contorcer se você cutucar a barriga dela.

PLANEJANDO-SE COM ANTECEDÊNCIA: prepare um chá de bebê. Para pais de primeira viagem, planejar um chá de bebê pode ser uma grande ajuda para preencher a lista de coisas que você vai precisar assim que o bebê chegar do hospital. Minha esposa e eu concentramos nossas energias nos itens mais caros, esperando que nossos amigos e familiares mais próximos pudessem nos ajudar aqui e ali com o restante. Feiras voltadas para bebês e gestantes e até mesmo a Amazon são ótimos lugares para começar. Veja as classificações de itens como berços acoplados, cadeirinhas para automóveis, berços e cadeiras de balanço. Com certeza, você não precisa de tudo que as listas existentes por aí lhe dizem para comprar. Segue uma dica útil: se você está planejando ter mais de um filho, considere comprar os itens maiores em cores neutras, dessa forma você pode aproveitá-los para cada criança. Nós temos itens que usamos para nossos quatro filhos. Nesse processo, objetos de segunda são de grande ajuda, mas tenha em mente que certos itens, tais como as cadeirinhas, têm prazo de validade (quem diria).

SEGUNDO TRIMESTRE	QUARTO MÊS	SEMANA 16

ATUALIZAÇÕES DO BEBÊ

- O bebê está mantendo sua cabeça mais ereta.
- O bebê está desenvolvendo couro cabeludo, mas não tem nenhum cabelo ainda.

ATUALIZAÇÕES DA MÃE

- O útero da mãe continua a crescer e agora tem o tamanho de uma papaia.
- Ela está começando a sentir o bebê se mexer.
- Os seios dela continuam a crescer e podem ficar sensíveis e/ou inchados.
- As contrações de Braxton Hicks continuam.
- Seu apetite fica normal ou aumenta.
- A sua energia pode voltar. Seu estado de espírito se estabiliza.

COMPROMISSOS INADIÁVEIS

- Agende um exame de ultrassom, se necessário.

GATILHO DE CONVERSA: fale sobre conselhos não solicitados. Agora que todos sabem que vocês estão grávidos, as "informações" ou "conselhos" virão em abundância. Você e sua parceira podem querer falar sobre como lidar com essas informações com tato e com humor quando as receberem, enquanto (nos bastidores) escolhem apenas o que vocês precisam ouvir.

GATILHO DE CONVERSA: fale sobre tocar a barriga. Uma coisa que tenho notado ao longo de quatro gestações é que sempre haverá "aquela pessoa" que tem um grande ímpeto de querer passar a mão na barriga. Então, antes de você nocautear um colega de trabalho dela — digamos, o Zé da contabilidade — de forma desavisada em uma tarde de sábado, você e sua parceira devem falar sobre como ela se sente a respeito desse tipo de situação e qual é a forma apropriada para lidar com isso. Eu sei que minha esposa adorava que as pessoas tocassem na barriga dela — ela sentia que estava mostrando amor ao bebê e isso a fazia feliz — mas há muitas mulheres que sentem o oposto. Algumas se sentem invadidas, não importa quem esteja tocando, e isso é algo a que se deve realmente prestar atenção, pois é muito pessoal para cada mulher.

A LISTA ESSENCIAL DO CHÁ DE BEBÊ

Fazer um chá de bebê pode ser assustador, especialmente quando você tem um milhão de pessoas em seu ouvido dizendo que "esse é o melhor" ou "nunca compre essa porcaria, é horrível"! Eu e minha esposa pensamos em uma estratégia de três frentes para descobrir qual produto funcionaria melhor para nossa situação e estilo de vida. Primeiro, eu faço uma pesquisa on-line — muitos pais e mães blogueiros compartilham listas imparciais de acordo com as necessidades. Segundo, quando eu estou perto de amigos que também são pais de pequenos, presto atenção a algumas das coisas que eles usam no dia a dia e questiono por que gostam delas, além de perguntar a respeito da funcionalidade. Terceiro, tiramos uma ou duas tardes para visitar uma loja que faz um trabalho muito bom ao oferecer coisas como cadeirinhas, carrinhos de passeio, berços acessíveis e modelos de piso para que você possa realmente ver como eles são e funcionam. Compilei uma lista de itens essenciais, sem uma ordem específica: são itens que você deve considerar adicionar ao chá de bebê esperando que seus amigos e familiares possam parabenizá-lo ajudando com as necessidades para a vida com o bebê.

- ☐ Assento infantil para carro (de preferência um que possa ser colocado e removido de um carrinho de bebê adaptado)
- ☐ Carrinho de bebê (com tantos modelos diferentes disponíveis, você precisa ter uma experiência prática, se possível)
- ☐ Canguru (você também deve testá-los; as mães e os pais podem preferir estilos diferentes, já que os pais podem ser maiores e mais largos)
- ☐ Enxoval (conjunto de roupas para recém-nascidos) que cobre os meses 0-3, 3-6 e 6-9. Procure obter o seguinte para cada estágio de três meses:
    - ☐ Sete a oito roupas de peça única para bebês com palmilhas e capas de mão embutidas (compre aquelas que fecham na frente para facilitar especialmente as trocas noturnas)

- ☐ Cinco macacões de manga comprida e cinco macacões de manga curta (compre macacões estilo quimono para não se preocupar em mexer na delicada cabeça do bebê ao vestir macacões normais)
    - ☐ Cinco fraldas pull-up (polainas funcionam tão bem quanto e você não precisa tirá-las para trocar o bebê)
    - ☐ Duas a três mantas vestíveis
    - ☐ Quatro cobertores de musselina para enrolar o bebê e outros usos
    - ☐ Dois chapéus
    - ☐ Sete a oitos pares de botas e meias
- ☐ Berço, colchão, capa de colchão e lençóis de berço (considere um 3 em 1 que se converte em uma cama para bebês conforme o bebê cresce)
- ☐ Babá eletrônica (um monitor de vídeo é obrigatório, de preferência um que se conecte ao seu smartphone)
- ☐ Mamadeiras, uma bomba tira-leite (se a mãe estiver amamentando) e fórmula (se a mãe não estiver amamentando)
- ☐ Babadores e toalhinhas
- ☐ Fraldas descartáveis ou de pano para recém-nascidos
- ☐ Diaper Genie (ou algum outro tipo de repositório para reunir as muitas fraldas que você está prestes a trocar)
- ☐ Banheira para bebês e artigos de higiene pessoal
- ☐ Kit de primeiros socorros para bebês, termômetro retal e cortador de unha
- ☐ Cadeirinha de balanço

SEMANA 17

Um pouco de gordura de bebê

Seu bebê está acumulando muita gordura subcutânea nesta semana enquanto continua a crescer a um ritmo acelerado. O bebê está do tamanho de uma romã e uma das coisas mais legais é que ele talvez possa começar a ouvi-lo nesta semana.

Então pegue seus sapatos de sapateado, cartola, bengala ou qualquer outro apetrecho que você usava nas peças de teatro da sua antiga escola e suba ao palco da sala de estar para oferecer algum entretenimento para esta mente em desenvolvimento. Ou, se você for como eu, depois de sua parceira dormir, coloque fones de ouvido sobre a barriga dela e comece a tocar suas músicas favoritas do iTunes.

Metas familiares

PAPAI DOULA: matricule-se em aulas de parto. Minha esposa e eu nunca chegamos a fazê-las, mas gostaria que tivéssemos participado. Essas aulas prepararão vocês para o parto e nascimento com uma série de lições, discussões e exercícios.

SEGUNDO TRIMESTRE | QUARTO MÊS | SEMANA 17

ATUALIZAÇÕES DO BEBÊ

- Os ossos do bebê estão ficando mais fortes à medida que endurecem.
- O bebê está começando a desenvolver glândulas sudoríparas.
- O cordão umbilical está se fortalecendo e engrossando.

ATUALIZAÇÕES DA MÃE

- A barriga da mãe continua a crescer e seu centro de gravidade está se deslocando, o que pode deixá-la mais desajeitada.
- O cérebro de grávida está em pleno vigor.
- O fluxo sanguíneo dela está aumentando, assim como os fluxos de outros fluidos em seu corpo. Ela pode ter sangramento nasal ocasionalmente. Ela também ganhará peso mais rápido do que antes.
- Enquanto sua pele se estica, ela pode sentir uma comichão em todo o seu corpo. Uma loção ou óleo de coco podem ser úteis. (Eu compro óleo de coco para minha esposa porque não tem perfume e é natural).

COMPROMISSOS INADIÁVEIS

- Se a primeira consulta do segundo trimestre não tiver ocorrido ainda, então marque uma consulta esta semana.

EMPATIA NA GRAVIDEZ: seja paciente com a amnésia das mães. P equenos episódios de esquecimento são comuns quando ela tenta encontrar chaves, telefone, bolsa, sapatos e assim por diante.

MELHOR FÍSICO DE PAI DE FAMÍLIA

CAPÍTULO 5

O quinto mês

A barriga da mãe está ficando cada vez mais redonda e embora você já esteja entrando no quinto mês, por alguma razão, pode estar se dando conta apenas agora de que é para valer. Ela começará a sentir pequenos tremores e movimentos dentro da barriga, o que é uma sensação reconfortante: ela finalmente receberá um lembrete constante de que há um bebê a caminho.

Além das consultas médicas todos os meses para verificar a saúde da mãe e do bebê, você também poderá visitar o pequeno através de um ultrassom. Entre a ultrassonografia e qualquer outro exame, você terá a opção de descobrir se é um menino ou uma menina!

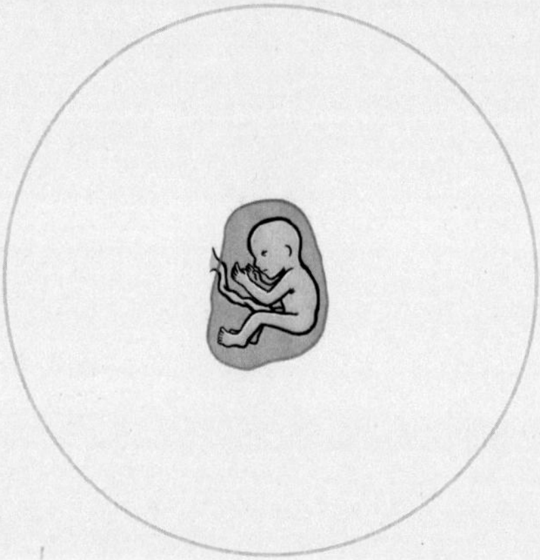

FETO DE CINCO MESES

NOVOS EQUIPAMENTOS

genitais, orelhas, vérnix na pele

COMPARAÇÃO DE TAMANHO

endívia, avião de papel, picolé

SEMANA 18

Gênero!

Até a década de 1970, quando o equipamento de ultrassom se desenvolveu e ficou preciso o suficiente para identificar os genitais, realmente não havia nenhuma maneira de saber com antecedência se os pais teriam um menino ou uma menina. Não havia nenhuma grande revelação de gênero — você simplesmente se encaminhava para a sala de espera e esperava que algumas pessoas ainda estivessem lá para abraçá-lo, fazer uma foto, visitar a mãe em recuperação e ver o bebê por trás do vidro do berçário. Com o advento da tecnologia e das mídias sociais, muitos casais agora descobrem no consultório do médico ou pedem ao obstetra/ginecologista que anotem em um envelope lacrado para revelar de alguma outra forma.

Minha esposa e eu começamos devagar: com nosso primeiro bebê, descobrimos no consultório do médico e compartilhamos a notícia com nossos pais. Com nosso segundo filho, ficamos mais criativos e mandamos nosso médico escrever o sexo do bebê em um envelope lacrado, que entregamos a um padeiro que tinha instruções para preparar um bolo com a coloração interior rosa ou azul sob uma espessa cobertura branca. Nós convidamos nossos familiares e amigos e descobrimos ao lado deles que teríamos um menino. Com nosso terceiro, fizemos o médico escrever o gênero e minha esposa e eu dividimos uma refeição e descobrimos o sexo em particular juntos. Planejamos então revelar para as crianças, a família e os contatos virtuais: colocamos balões coloridos em uma caixa e a abrimos ao ar livre. Mais recentemente, com a gravidez número quatro, encontramos uma empresa que usa canhões de pó de giz à base de CO_2 que você pode disparar, ou esferas do tamanho de bolas de futebol que você pode "explodir" ao jogá-las no chão, revelando o gênero em uma enorme nuvem de pó colorido. De qualquer maneira, o Pinterest ou Instagram certamente mostrarão a você uma boa maneira de anunciar a novidade.

SEGUNDO TRIMESTRE | QUINTO MÊS | SEMANA 18

ATUALIZAÇÕES DO BEBÊ

- Os genitais do bebê podem ser perceptíveis e as meninas terão tubas uterinas.
- As orelhas do bebê estão agora no lugar.

ATUALIZAÇÕES DA MÃE

- O útero dela continua a crescer.
- A pressão arterial, o volume de sangue e o ritmo cardíaco da mãe estão mudando e isso pode significar uma queda na pressão sanguínea.
- Ela sente um aumento de apetite.
- Ela sente tontura se levantar-se muito rápido e a flatulência e a azia continuam a incomodar.
- Sua energia está boa e o humor estável, mas o aumento de estresse em relação ao nascimento pode ser um problema.

COMPROMISSOS INADIÁVEIS

- Nesta semana, vocês receberão os resultados dos testes genéticos se tiverem os realizado há algumas semanas. Os resultados revelarão quaisquer defeitos de nascença significativos, assim como o sexo da criança (se vocês tiverem interesse em saber).

Metas familiares

GATILHO DE CONVERSA: decida sobre a revelação de gênero. Se você receber os resultados dos testes genéticos ou se o seu ultrassom revelou a resposta, este é o momento perfeito para encerrar a discussão (antes de pegar o telefone para ouvir os resultados) se você e sua parceira querem ser informados sobre o gênero do bebê e se vocês pretendem compartilhar essa notícia e de que forma.

PAI NUTRI: estoque os petiscos favoritos dela. Com o ganho de apetite da mãe, mantenha a despensa cheia dos aperitivos prediletos dela (algo saudável).

REDUTOR DE ESTRESSE: leve-a ao cinema. O estresse continua a aumentar. Leve sua parceira ao cinema para desanuviar as ideias.

SEMANA 19

Desenvolvimento Sensorial

Os sentidos do bebê estão em pleno desenvolvimento agora dentro do cérebro, o que também pode coincidir com um surto de crescimento, portanto, fique de olho na mãe para ela não tirar comida do seu prato quando você se levantar para ir ao banheiro. Um pouco maior que uma manga, o bebê também está coberto por algo chamado *vérnix caseoso*, que é uma substância semelhante a uma gosma branca. Essa é uma substância gordurosa que cobre a sensível pele do bebê, protegendo-o do longo mergulho no líquido amniótico. Não se preocupe, a menos que nasça prematuro, a maioria dos bebês perde esse revestimento ao nascer — não é preciso ligar a lavadora de alta pressão.

As cãibras nas pernas ou nos quadris estão aumentando, então não se assuste se sua parceira gritar no meio da noite — são reflexos das cãibras. Se você acordar (e conseguir falar através da máscara de apneia do sono), aconselhe-a a colocar os dedos dos pés para cima, o que pode aliviar o estresse.

SEGUNDO TRIMESTRE | QUINTO MÊS | SEMANA 19

ATUALIZAÇÕES DO BEBÊ

- O bebê tem o tamanho de uma manga.
- O desenvolvimento sensorial está ocorrendo no cérebro.
- A pele do bebê está desenvolvendo um revestimento branco e gosmento (vérnix caseoso) para protegê-la à medida que o bebê cresce.
- Os braços e pernas do bebê se igualaram e agora estão proporcionais ao corpo.

ATUALIZAÇÕES DA MÃE

- A barriga em expansão da mãe pode ser a causa da dor ligamentar (dor aguda na região do quadril ou abdômen).
- Se o bebê passar por um surto de crescimento, o apetite da mãe pode aumentar no segundo trimestre.
- A mãe pode sentir cãibras nas pernas ou dores no quadril à noite.

COMPROMISSOS INADIÁVEIS

- É hora de marcar a segunda consulta do segundo trimestre.

Metas familiares

PAPAI DOULA: compre um travesseiro de gestante para ela. O útero da mãe continua a se expandir e o bebê está crescendo como um louco, o que significa que pode ser difícil para ela encontrar uma posição confortável para dormir. Se ela ainda não tiver comprado um, considere um sonífero para a mãe (não, nada de clorofórmio) ou talvez um travesseiro longo. Pessoalmente, eu desisti de uma parte significativa de nossa cama para acomodar um travesseiro de corpo inteiro. Vá em frente, pesquise isso. Pode levar algum tempo na loja para determinar se um travesseiro circular, triangular *ou* flexível em forma de U ou L é melhor.

PONTO POSITIVO: obtenha sua licença honorária de massagista. As pernas e os quadris da mãe podem começar a doer. Ofereça-se para massageá-los levemente para aliviar qualquer cãibra.

SEMANA 20

Na metade do caminho

Você está no meio das quarenta semanas, ou seja, está basicamente a meio caminho do nascimento de seu filho. O bebê agora tem aproximadamente o comprimento de uma banana e a largura de uma pequena alcachofra. Esta é uma grande semana para o desenvolvimento do gênero. Se for uma menina, seu útero está formado e seus ovários mantêm cerca de sete milhões de óvulos primitivos (embora isso diminua de forma significativa no nascimento), e seu canal vaginal está completo. Se for um menino, seus testículos começaram uma viagem sentido sul, em direção ao abdômen, para as férias de verão! Daqui a alguns meses, eles vão parar acampados e migrarão para o escroto (que ainda está em construção). O confronto de UFC que ocorre na barriga da mãe, que conta com torções, reviramentos e pontapés, está apenas começando — você pode querer puxar um assento ao lado de sua parceira e oferecer algum tipo de consolo a ela.

Metas familiares

HORA DA UNIÃO: celebre. Muitos casais realmente não percebem que chegaram à metade da gravidez porque se concentram muito nos trimestres. Essa é um grande oportunidade ou desculpa para sair para jantar juntos. Comemore! Você está a meio caminho (ou menos) da linha de chegada.

SEGUNDO TRIMESTRE	QUINTO MÊS	SEMANA 20

ATUALIZAÇÕES DO BEBÊ

- O bebê tem quase 25 centímetros de comprimento, tal qual uma banana.
- Todos os órgãos do bebê estão no lugar. Eles parecem versões minúsculas de órgãos de tamanho normal.

ATUALIZAÇÕES DA MÃE

- O útero de mãe está agora acima do umbigo, e sua barriga está arredondando.
- A mãe pode experimentar inchaço, especialmente em suas extremidades.
- A energia dela está boa, e seu apetite sexual aumentado pode continuar assim.
- Flatulência e azia continuam a ser problemas.

COMPROMISSOS INADIÁVEIS

- Certifique-se de que a consulta do segundo trimestre seja marcada.

PLANO DIVERTIDO: escolha potenciais nomes de bebês. Quando você sair para jantar, comemorando a chegada à metade do caminho, compartilhem seus três melhores nomes de menino ou menina um com o outro, e porque eles são importantes para vocês.

SEGUNDO TRIMESTRE	QUINTO MÊS	SEMANA 21

ATUALIZAÇÕES DO BEBÊ

- Seu bebê está tão longo quanto uma cenoura e tão grosso quanto uma endívia.
- As sobrancelhas do bebê cresceram.
- As meninas estão desenvolvendo uma vagina.

ATUALIZAÇÕES DA MÃE

- O corpo da mãe aumentou a produção de óleo e o nível de progesterona está aumentando.
- A pressão sobre a bexiga e as pernas também está aumentando.
- Queixas sobre náusea, vertigem e cansaço diminuíram ou desapareceram por completo.
- Seu humor está positivo e a energia está alta.
- Ela pode apresentar varizes ou vasinhos.

COMPROMISSOS INADIÁVEIS

- Pergunte ao médico sobre a pre-eclâmpsla, pois esta é uma semana típica em que os sintomas podem aparecer.

SEMANA 21

Lutando Kung Fu

Seu bebê tem aproximadamente trinta centímetros de comprimento e pesa 450 gramas. A boa notícia é que a mãe não está se sentindo tão mal quanto no primeiro trimestre e seu apetite deve estar quase de volta ao normal.

Uma coisa importante de saber é que o sabor do líquido amniótico varia de dia para dia dependendo do que ela comeu. Então, em teoria, há chances de o bebê gostar de coisas como cenouras e do que estiver em seu cardápio porque ele está engolindo líquido amniótico não apenas para a hidratação, mas também para a nutrição. Outra coisa para saber é que os braços e pernas do bebê estão agora enfim proporcionais, portanto, os socos e chutes farão movimentos muito mais coordenados em vez dos movimentos aleatórios que a mãe tem sentido até agora.

Metas familiares

PAPAI DOULA: ajude a mamãe a se livrar de varizes. Essas veias são comuns na parte inferior do corpo durante a gravidez, pois as mulheres produzem um volume extra de sangue. Incentivá-la a manter suas pernas descruzadas enquanto assiste à TV à noite, a continuar a se mover durante o dia e talvez a dormir do seu lado esquerdo quando possível, tudo isso evita colocar pressão nos principais vasos sanguíneos e mantém a circulação em movimento.

PONTO POSITIVO: compre sapatos. Não para você, mas para a mãe. Ela com certeza deixou os saltos altos de lado e passou a ter preferência pelas rasteirinhas. Pode ser uma boa ideia descobrir de que marca ela gosta e surpreendê-la com um par novinho! (Nota: você pode querer fazer uma pesquisa antes, já que algumas mulheres sobem meio número durante a gravidez. Além disso, considere calçados sem laços, pois amarrar sapatos deve ser um hábito só seu neste período).

SEMANA 22

Um bebê pequenino

Seu bebê agora pesa quase meio quilo. É mais do que provável que o bebê toque e agarre o cordão umbilical e seja capaz de perceber coisas como música alta, sirenes e cães latindo. Ele pode até ficar sensível à luz: se você colocar uma lanterna na barriga da mamãe, ele ou ela pode virar as costas como resposta. O pequeno está a apenas uma ou duas semanas de nascer se for prematuro. Espero que você tenha conseguido encontrar algum tipo de travesseiro que ajude a mãe a dormir: ela vai precisar.

Metas familiares

PAPAI DOULA: verifique os sinais vitais da mãe. Pergunte à sua parceira como ela está se sentindo. Muitas mulheres têm surtos de calor ou sentem-se como se estivessem suando. Banhos frios, compressas frias ou mesmo petiscos como frutas congeladas podem ajudar a abaixar a temperatura corporal. Com frequência, minha esposa se sente tonta durante suas gravidezes e muitas vezes isso se deve à desidratação ou ao baixo nível de açúcar no sangue. Lembre sua parceira de manter-se hidratada e de comer durante o dia para não desmaiar!

SEGUNDO TRIMESTRE | QUINTO MÊS | SEMANA 22

ATUALIZAÇÕES DO BEBÊ

- O bebê tem o tamanho de uma papaia e está a uma semana ou duas de nascer caso a mãe entre em trabalho de parto prematuramente.
- O bebê se parece com um bebê magrinho.
- O pâncreas do bebê se desenvolveu.
- As íris do bebê estão lá, mas incolores.
- O bebê vai passar de meio quilo esta semana!

ATUALIZAÇÕES DA MÃE

- A mãe percebe o movimento do bebê durante todo o dia.
- A barriga da mãe é claramente a barriga de uma grávida neste momento.
- Ela pode ter mudanças de pigmento em sua pele ou uma linha escura no meio da barriga.
- Ela experimentará um aumento do desconforto enquanto o bebê continuar a crescer.
- Ela pode ter dificuldade em encontrar uma posição confortável para dormir.
- A dificuldade para dormir, azia e flatulência podem causar estresse.

COMPROMISSOS INADIÁVEIS

- Vá à consulta do segundo trimestre.

GATILHO DE CONVERSA: discuta o aleitamento materno com a mãe e o que você pode fazer para ajudar. Isso é algo que ela planeja fazer assim que o bebê nascer?

Se for algo que a mãe queira fazer, encoraje-a a pesquisar sutiãs e camisas personalizadas que permitam amamentar com facilidade. Ela pode querer começar a usá-las algumas semanas antes de ir para o hospital para alargá-las em pouco tempo. Além disso, você pode procurar uma bomba portátil para o peito, que ela poderá levar ao trabalho ou em viagens.

Melhor
papaisão

CAPÍTULO SEIS

O sexto mês

Este mês marca o fim do segundo trimestre, o que significa que você está a dois terços do caminho de conhecer o bebê pela primeira vez. À medida que ele continua a crescer e a se fortalecer, seus braços e pernas estarão agitados, o que significa que eles terão mais impacto no interior do útero, dando golpes mais fortes. O bebê está ganhando muito peso e começando a receber gordura em sua pele.

A mãe deve descansar sempre que puder, continuar a comer de forma saudável e beber muito líquido. O bebê come e bebe o mesmo que a mãe e ela precisa ter isso em mente enquanto segue a rotina.

Neste mês, você deve estar em alta frequência, continuando a ajudar nos afazeres domésticos o máximo possível — como a mãe segue ficando cada vez maior, se tornará mais difícil para ela fazer algumas das coisas simples do dia a dia às quais ela estava acostumada.

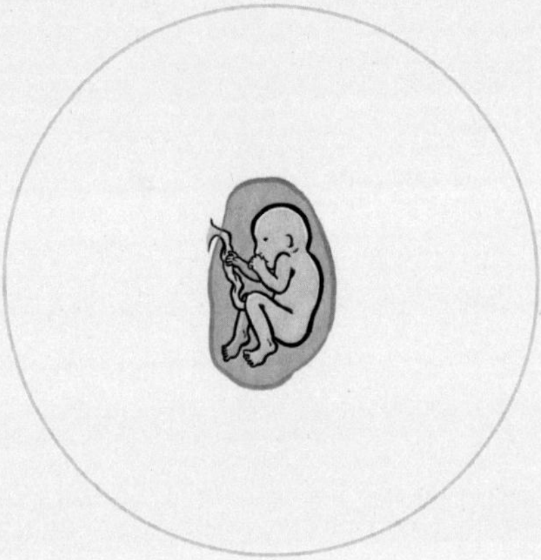

FETO DE SEIS MESES

NOVOS EQUIPAMENTOS

desenvolvimento da gordura

COMPARAÇÃO DE TAMANHO

boneco Max Steel, lata de Pringles

OBSERVAÇÕES

abre os olhos, chupa o polegar, soluça, reconhece sons e vozes

SEMANA 23

Ganhando peso

O segundo trimestre sempre me pareceu com os momentos finais de um jogo de futebol em que a equipe vencedora está apenas esperando o tempo da partida acabar para celebrar a vitória iminente. A maioria das partes essenciais do bebê está totalmente desenvolvida e funcionando: é muito trabalhoso continuar ganhando peso. O bebê tem aproximadamente o tamanho de uma toranja vestindo um terno de pele flácida que logo será preenchida. A pele cresce mais rápido do que o bebê consegue enchê-la de gordura, mas isso vai mudar nas próximas semanas.

O humor da mãe está provavelmente muito bom, embora vocês dois tenham muito a planejar (e executar) antes do nascimento. Agora é o momento perfeito para pensar em itens que você precisa ter na bolsa de fraldas. Minha esposa se livrou de sua bolsa pequena e passou a usar uma de grife, maior e mais moderna, que servia como bolsa normal *e* de fraldas.

SEGUNDO TRIMESTRE | SEXTO MÊS | SEMANA 23

ATUALIZAÇÕES DO BEBÊ

- Os vasos sanguíneos nos pulmões do bebê estão se desenvolvendo à medida que se preparam para respirar fora do útero.
- O bebê está acumulando gordura.

ATUALIZAÇÕES DA MÃE

- O bebê está empurrando o fígado da mãe para cima e sua barriga está crescendo para fora.
- A mãe pode sentir um pouco de retenção de água e inchaço nos pés e/ou pernas.
- O humor da mãe está equilibrado e otimista, embora ela esteja lutando contra os desconfortos físicos associados a essa etapa da gravidez.
- O apetite está saudável.
- Comer quantidades menores em cada refeição pode ajudar a aliviar a contínua flatulência, inchaço e azia.

COMPROMISSOS INADIÁVEIS

- Na ausência de preocupações especiais, a consulta do terceiro trimestre será mais do mesmo.

Metas familiares

☑ **PLANEJANDO-SE COM ANTECEDÊNCIA:** compre itens essenciais para o bebê. Apesar de provavelmente a mãe já ter começado a coletar objetos necessários para o berçário, agora é um momento perfeito para checar novamente a lista de itens do chá de bebê e marcar os itens restantes. Divida a lista concentrando-se no que você está mais interessado em ter. Se você for como eu, vai querer se voluntariar para pesquisar os equipamentos tecnológicos, como a babá eletrônica/câmera, música, aparelho de ruído branco e luz noturna, e agora é um excelente momento para fazer isso. A mãe pode preferir se concentrar mais no berço (você vai comprar um berço de transição 3 em 1?), na roupa de cama e num confortável balanço. Nota: você pode querer fazer uma segunda visita às lojas para verificar exatamente do que gosta.

PLANEJANDO-SE COM ANTECEDÊNCIA: compre uma bolsa de fraldas. Enquanto a mãe está escolhendo sua própria bolsa de fraldas, considere adquirir a sua própria. Ou, se você for como eu, procure por uma mochila projetada especialmente para pais (há muitas por aí) com um ar militar ou mais resistente, como as das marcas Madpax, Jack Spade ou Diaper Dude. Durante nossa primeira gravidez, meus amigos me surpreenderam com uma bolsa de fraldas de pai (uma bolsa camuflada de carteiro). Mas depois mudei para uma mochila para nossa segunda criança e nunca voltei atrás. É tudo uma questão de preferência pessoal e, principalmente, do que funciona para você.

SEMANA 24

Viabilidade!

Respire fundo: esta é uma grande semana para você e para a mãe. Vocês conseguiram alcançar a viabilidade. De metade a três quartos de todos os bebês nascidos nesta semana sobrevivem, e a cada dia que passa a taxa de sobrevivência aumenta. Isso é significativo, pois ajuda a diminuir a carga de estresse sobre você e, o mais importante, sobre a mãe. Se seu bebê nasceu nesta semana, ele tem um rosto que se parece com um rosto, com cílios, sobrancelhas, cabelos e todas as outras partes totalmente desenvolvidas.

O bebê ainda está acumulando gordura e fortalecendo os órgãos, ossos e músculos. Se estiver se perguntando se o bebê será loiro, moreno ou ruivo, você pode continuar tentando adivinhar: o pigmento capilar ainda não está presente.

A mãe continua a experimentar todas as coisas boas: as dores nas costas, problemas para dormir, azia, alta flatulência e os infelizes inchaços. Encoraje sua parceira a manter os pés para o alto, descansar sempre que possível,

SEGUNDO TRIMESTRE	SEXTO MÊS	SEMANA 24

ATUALIZAÇÕES DO BEBÊ

- O bebê tem o comprimento de uma espiga de milho, cerca de trinta centímetros.
- Os pulmões do bebê estão formados e o ele agora é forte o suficiente, tendo de cinquenta a 75 por cento de chance de sobreviver fora do útero.

ATUALIZAÇÕES DA MÃE

- O útero da mãe agora tem o tamanho de uma bola de futebol.
- Ela pode sentir dores nas costas, dificuldade para dormir, azia, flatulência e inchaço.

COMPROMISSOS INADIÁVEIS

- Verifique com o médico quando um teste para diabetes gestacional deve ser agendado. Ele também é conhecido como "teste de glicose" e os resultados geralmente podem ser determinados durante a consulta. (Minha esposa me disse que o teste é como beber uma dose extraforte de refrigerante, mas fazendo exames de sangue antes e depois.)

DIABETES GESTACIONAL

Um dos testes ou exames que a mamãe precisa fazer (se os exames básicos de urina revelarem alto teor de açúcar) é o teste de glicose para diabetes gestacional. Ela bebe um líquido espesso e açucarado e faz um exame de sangue. Se o teste revelar que ela tem diabetes gestacional, ela terá que orientar-se com o médico para determinar o quão desequilibrado seus níveis de glicose podem estar e encontrar uma dieta que a ajude a manter o equilíbrio. O pai pode ajudar, mantendo a mãe informada sobre o que está comendo e considerando isso ao preparar as refeições.

Metas familiares

☑ **PLANEJANDO-SE COM ANTECEDÊNCIA:** faça sua mala da maternidade. Essa mala será de grande ajuda e é cem por cento necessária para o caso de o bebê decidir nascer antes do esperado!

PAPAI DOULA: reconheça os sinais do pré-parto. O bebê de repente vem, a bolsa da sua parceira se rompe, ela sente fortes sinais de dores lombares ou contrações, diarreia/náusea ou sangramento no corrimento vaginal. Se você observar esses sinais, é hora de fazer sua cara séria, ligar para o médico e pegar aquela mala da maternidade que você preparou para o hospital.

CHECKLIST DA MALA DA MATERNIDADE

Eu tive experiências em hospitais diferentes e a organização é geralmente a mesma. Assim que a mãe for transferida para a recuperação, haverá um sofá ou poltrona para o papai dormir. Em geral, não é um produto de qualidade e talvez você queira considerar a possibilidade de trazer itens de conforto em sua bolsa. Muitos desses ambientes têm seus próprios chuveiros e parecerá uma boa ideia tomar uma ducha depois de passar uma longa noite no hospital e antes de descer para a cafeteria para comer alguma coisa. Seguem alguns itens essenciais (o conteúdo da bolsa dela e da minha era semelhante).

- ☐ Roupas extraconfortáveis (moletons, capuzes — a mãe precisa trazer tops que deixem seus seios facilmente acessíveis e, no caso de uma cesariana, calças largas que não se ajustem em sua incisão)
- ☐ Garrafas d'água
- ☐ GoPro ou equipamento de gravação de vídeo e carregadores
- ☐ Laptop ou tablet com filmes baixados ou uma série de TV
- ☐ Kindle ou livro
- ☐ Carregadores de celular
- ☐ *Nécessaire* (artigos de higiene que você levaria em qualquer viagem)
- ☐ Almofada para dormir (para o papai uma almofada inflável pode ser melhor do que as molas de um colchão velho)
- ☐ Almofadas femininas (para a mamãe, o hospital geralmente fornecerá mais do que o suficiente, mas não faz mal trazer almofadas extras)
- ☐ "Roupas íntimas de mãe" (desculpem, rapazes, não esperem vê-la com uma calcinha fio dental tão cedo e digam olá para calçolas que cobrem tudo: é uma necessidade tanto para o conforto quanto para segurar absorventes femininos maiores do que as fraldas do recém-nascido).

SEMANA 25

Perdendo as rugas

Seu bebê pesa cerca de seiscentos gramas e mede cerca de 33 centímetros — não é bem o tênis número 56 do jogador de basquete Shaquille O'Neal, mas está quase lá. Isso é aproximadamente o tamanho de uma abóbora-bolota, ou, caso você esteja cansado de exemplos vegetais, do tamanho de uma peça pequena de acém.

O bebê continua a ganhar peso e está enchendo seu corpo com gordura. Os vasos capilares estão se formando sob a pele e se enchendo de sangue. No final desta semana, bolsas de ar revestidas de capilares também se desenvolverão nos pulmões do bebê, preparando-o para seu primeiro sopro de ar. Tenha em mente que eles não serão capazes de funcionar completamente por conta própria, eles ainda precisam amadurecer um pouco. A mãe segue sentindo as mesmas coisas que vêm a incomodando ao longo das últimas semanas.

SEGUNDO TRIMESTRE	SEXTO MÊS	SEMANA 25

ATUALIZAÇÕES DO BEBÊ

- O bebê está ganhando gordura e aumentando de peso.
- O cabelo do bebê começa a ficar pigmentado.
- A pele do bebê está se desenrugando.

ATUALIZAÇÕES DA MÃE

- O útero em crescimento da mamãe está pressionando os vasos que conduzem às extremidades inferiores, o que causa inchaço, principalmente em temperaturas quentes.
- Desconforto e problemas para dormir podem continuar a ser um incômodo.
- Esta é uma ótima semana para adicionar ferro à sua dieta se ela estiver anêmica — verifique com o médico.
- Pequenas refeições podem aliviar a azia.

COMPROMISSOS INADIÁVEIS

- Se a terceira consulta do segundo trimestre tiver ocorrido, verifique o teste de anemia por deficiência de ferro, principalmente se ela estiver se sentindo cansada.
- Se vocês ainda não conversaram a respeito de um centro de parto, hospital ou plano de parto com o médico, este é um ótimo momento.

☑ **PLANEJANDO-SE COM ANTECEDÊNCIA:** revisite e finalize o plano de parto. Assumindo que você e sua parceira já tenham o definido, esta pode ser uma boa hora para revisitá-lo e atualizá-lo, incluindo a necessidade e momento correto de uma anestesia epidural. Além disso, comece a procurar uma doula oficial, ou seja, uma parceira de parto além de você, que ajuda a dar apoio físico, mental e emocional durante toda a gravidez e no pós-parto. O papel dela não é substituí-lo como marido ou companheiro, mas sim trabalhar em conjunto para tornar esse período o mais fácil possível para sua parceira. Além disso, não deixe de checar o orçamento para conferir se isso é financeiramente viável.

SEMANA 26

Descida dos testículos

Se você está tendo um menino, nesta semana os testículos descerão para o escroto, agora totalmente formado. O bebê tem quase novecentos gramas agora, o tamanho de um prato médio de carne assada e tem cerca de 35 centímetros de comprimento. Depois de várias semanas com as pálpebras fundidas para permitir o desenvolvimento da retina, os olhos do bebê começam a se abrir. A íris (a parte colorida do olho) ainda não tem pigmentação, mas terá em breve.

Minha esposa começa a sofrer de azia *muito cedo* em suas gravidezes, e se a azia já não tiver mostrado as garras ainda, pode-se esperar que isso ocorrerá a qualquer momento. A azia causa uma forte sensação de ardor no esôfago junto a uma sensação de que ela não consegue recuperar o fôlego. Esse sintoma, junto com o crescente desconforto da sua barriga em expansão, pode contribuir para falta de sono e irritação.

SEGUNDO TRIMESTRE	SEXTO MÊS	SEMANA 26

ATUALIZAÇÕES DO BEBÊ

- Os sentidos do bebê estão se desenvolvendo.
- Os pulmões do bebê continuam a se fortalecer.
- O bebê pesa cerca de novecentos gramas e pode abrir os olhos.
- Se for um menino, os testículos estão descendo.

ATUALIZAÇÕES DA MÃE

- Conforme a barriga da mãe continua a crescer, seu centro de gravidade é alterado e lhe causa problemas como sono e desconforto.
- O desconforto físico e a falta de sono podem deixar a mãe irritada.
- As contrações de Braxton Hicks seguem enquanto ela se prepara para o nascimento.
- A azia dela está piorando.
- Ela segue atrapalhada, especialmente ao se levantar após ficar sentada por muito tempo.

COMPROMISSOS INADIÁVEIS

- As consultas do segundo trimestre continuam conforme marcadas. Se vocês ainda não conversaram a respeito de um centro de parto, hospital ou plano de parto com o médico, este é um ótimo momento.

Metas familiares

REDUTOR DE ESTRESSE: agende uma massagem de terceiro trimestre de gravidez. Para aliviar parte do estresse e desconforto físico que certamente vai aumentar conforme sua parceira se prepara para a reta final, agendar uma massagem (com aviso prévio suficiente para cancelar sem penalidade) para sua parceira pode ser uma ótima ideia para colocar sua mente (e corpo) relaxados.

EMPATIA NA GRAVIDEZ: leia mais sobre as contrações de Braxton Hicks. Elas são conhecidas como pródromos de trabalho de parto ou "contrações de prática". Essas contrações são como um falso trabalho de parto que pode começar já na Semana 6 e continuar até o segundo e terceiro trimestre. Converse com sua parceira sobre como ela se sente e veja se há alguma maneira de fazê-la se sentir mais confortável quando isso ocorrer.

SEMANA 27

O fim do segundo trimestre

Atravessar o segundo trimestre é um momento emocionante: vocês estão em dois terços desta jornada. Considerando todas as informações do bebê, este não tem sido o trimestre mais fácil para a mãe. O bebê está definitivamente com todas suas características em dia, incluindo seu insano paladar. Ele pode diferenciar os sabores do líquido amniótico e outras coisas que a mãe come. Na verdade, ele tem mais papilas gustativas agora do que depois de nascer. Muitas mães notam reações distintas do bebê ao comer alimentos específicos.

Minha esposa tem uma propensão para alimentos picantes e há pouca ou nenhuma chance de eu ficar entre ela e aquele frasco de pimentas em nossa geladeira. Entretanto, isso não significa que eu não vá lembrá-la dos efeitos colaterais. Em suas três primeiras gravidezes, ela passou por várias noites de inquietação do bebê, que chutava e se agitava, por conta do jantar apimentado da mãe.

SEGUNDO TRIMESTRE	SEXTO MÊS	SEMANA 27

ATUALIZAÇÕES DO BEBÊ

- Seu bebê está começando a fazer coisas muito semelhantes às de um bebê, incluindo abrir e fechar os olhos, cochilar, chupar os dedos, soluçar, puxar as orelhas e reconhecer vozes.

ATUALIZAÇÕES DA MÃE

- Ela precisa ir ao banheiro com frequência devido à pressão.
- Seus esquecimentos e pequenas confusões continuam.
- Seus desconfortos físicos devido a cãibras nas pernas, dores nas costas e outros problemas a deixam irritada.

COMPROMISSOS INADIÁVEIS

- Continue a frequentar as consultas de segundo trimestre agendadas.
- E se a distensão tiver chegado ao ponto em que ela está se queixando de uma comichão constante na barriga, deixe a loção de lado e prefira algo como óleo de coco – é o que minha esposa usa (eu também passo no meu próprio estômago após uma farta ceia de Natal) – ou qualquer tipo de manteiga de carité. Qualquer uma dessas opções deve aliviar a coceira imediatamente!

Metas familiares

GATILHO DE CONVERSA: contrate uma doula (ou não). Se você cogitou contar com os serviços de uma doula, esta é a hora perfeita para realizar entrevistas e conhecer a candidata ideal. Você também pode querer perguntar a outras mães ou pais que tipo de remuneração uma doula pode pedir.

PAI NUTRI: monitore o descanso e as metas nutricionais. Sua parceira tem mantido um diário de suas atividades de sono e refeições? Nunca é tarde demais para começar a acompanhar isso. Há aplicativos que podem fazer esse trabalho. O Sprout é uma ótima opção para as mães e a comunidade *The Life of Dad* lançou um site e aplicativo escrito por homens, para homens (conteúdo em inglês).

CHECKLIST DO PRIMEIRO TRIMESTRE

LAR:

- ☐ Comece a trabalhar no berçário.
- ☐ Crie uma lista de itens para o chá de bebê com sua parceira (ver página 108 para conferir A Lista Essencial do Chá de Bebê).

BEBÊ:

- ☐ Inscreva-se em aulas de parto e Lamaze.
- ☐ Planeje a revelação do gênero com sua parceira.
- ☐ Compartilhe alguns nomes de bebês de que você gosta com sua parceira.

MÃE:

- ☐ Compre um travesseiro para gestantes e sapatos rasteiros para ajudá-la a sentir-se confortável.
- ☐ Neste momento da gravidez, será difícil para a mãe fazer grandes refeições. Foque em cozinhar porções menores de alguns itens diferentes.
- ☐ Discuta a amamentação com sua parceira e o médico.

CONSULTAS PRÉ-NATAIS:

- ☐ Entre 18 e vinte semanas, o ultrassom fetal revelará o gênero e permitirá que o médico examine o desenvolvimento do bebê.
- ☐ Em torno de 24 semanas, teste de glicose.

HOSPITAL:

- ☐ Discuta o plano de parto com sua parceira.
- ☐ Comece a preparar as malas da maternidade. Nunca é cedo demais para estar pronto.
- ☐ Converse com a mãe sobre contratar uma doula ou não. Se o fizer, comece a coletar indicações e a entrevistar potenciais candidatas.

PARTE 3

O TERCEIRO TRIMESTRE

Cara, você está na reta final! Você já ultrapassou dois terços e está quase na linha de chegada.

O terceiro trimestre começa com um aviso *muito* positivo de que a viabilidade do bebê aumenta para quase 100% se ele nascer prematuro. Isso alivia muito o estresse de ambos os pais, especialmente da mãe.

A mãe sente cada vez mais desconforto à medida que os dias passam. O bebê cresce a uma taxa exponencial dentro do útero, estirando a barriga dela até o limite. Tudo se torna mais difícil para ela ao passo que o nascimento se aproxima.

O bebê está preenchendo sua pele flácida e ganhando a gordura de que vai precisar para sobreviver fora do útero. Ele também dará socos e chutes, agitando-se como se estivesse em uma briga de rua dentro da barriga da mãe.

Este trimestre é uma oportunidade-chave para o pai resolver todas as pendências em aberto que precisam estar resolvidas antes da chegada do bebê. Arrumar o berçário, montar os móveis, pintar o quarto (a mãe não pode aspirar tinta) e acompanhar a mãe nas consultas são demonstrações do quanto você se importa em ser um bom parceiro durante a gravidez, em vez de apenas assistir tudo de camarote.

Falaremos sobre entrevistar pediatras e finalizar um plano de parto junto à sua parceira. E se você já pensou sobre ter aulas de parto, essa também é uma grande coisa a se fazer como um casal. Não se esqueça: encontrar *e* instalar um assento infantil para carro é algo que você não vai querer esperar até o último minuto para fazer e há certa arte por trás da montagem de uma mala da maternidade. Aperte os cintos para a última volta, pois você está prestes a se tornar pai!

PAPAI
CAMPEÃO

CAPÍTULO SETE

O sétimo mês

seis meses já eram e agora faltam apenas três! Esse é o começo do terceiro trimestre e as coisas estão prestes a ficar quentes e *pesadas*. Quando digo pesadas, quero dizer que este trimestre é a hora em que termina o desenvolvimento de ossos e órgãos do bebê e ele ganha a gordura necessária para sobreviver. Todo esse crescimento expande ainda mais o útero da mãe e as tarefas diárias básicas começam a se tornar muito mais difíceis.

Este mês é importante por muitas razões, mas principalmente porque se seu bebê nascesse prematuro, ele teria 96 por cento de chance de sobrevivência, o que é uma informação maravilhosa.

O bebê está desenvolvendo seu cérebro e finalmente é capaz de virar a cabeça.

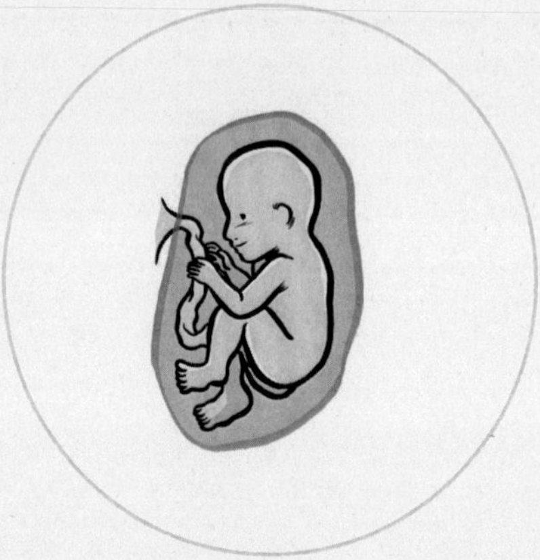

FETO DE SETE MESES

NOVOS EQUIPAMENTOS

testa, medula óssea/desenvolvimento de eritrócitos

COMPARAÇÃO DE TAMANHO

abacaxi, patins, garrafa de uísque

OBSERVAÇÕES

sorri, chuta, dá socos, move a cabeça de um lado para o outro,
gira, experimenta o sono REM e tem sonhos

SEMANA 28

Aumento de viabilidade

Bebês nascidos com 28 semanas têm uma incrível taxa de 96 por cento de sobrevivência. Ainda é ideal que eles cheguem ao tempo completo, mesmo assim essa é uma excelente estatística para se conhecer neste momento. O bebê está se posicionando de cabeça para baixo para se preparar para o nascimento. Apesar dessa boa notícia, a mãe sente um grande desconforto nesta época, pois o tamanho e o peso do bebê lhe causam dores nas costas e pressionam o nervo ciático.

Sempre me referia à minha esposa como "a diretora" quando ela entrava no terceiro trimestre. Eu não queria que ela levantasse peso ou subisse escadas para trocar lâmpadas. Insistia para que ela relaxasse e ficasse confortável, me encarregando de assumir as tarefas que demandavam atenção.

Se o berçário não estiver completo, agora é uma ótima hora para os dois escolherem amostras de tinta, encomendarem ou reformarem um móvel, montarem o berço e procurarem uma possível poltrona de canto, algo que seja capaz de balançar para frente e para trás. Isso ajuda não só nos cuidados, mas também se for a vez do pai alimentar ou embalar o bebê por volta das três horas da manhã para que a mãe possa descansar.

Para minha esposa e eu essa foi uma compra importante, pois queríamos adquirir um produto neutro em termos de gênero para que pudéssemos usá-lo para todos os nossos bebês. Oito anos depois, estamos contentes por termos uma excelente poltrona. Ela tem servido muito bem e pode ser que um dia seja herdada por nossos netos.

TERCEIRO TRIMESTRE | SÉTIMO MÊS | SEMANA 28

ATUALIZAÇÕES DO BEBÊ

- O bebê pesa cerca de um quilo e tem o tamanho de uma pequena berinjela.
- Os pulmões do bebê estão amadurecendo.
- Espera-se que o bebê esteja se posicionando de cabeça para baixo, preparando-se para nascer daqui a poucos meses.
- O cérebro do bebê está se desenvolvendo rapidamente através do crescimento dos neurônios.
- A chance de sobrevivência do bebê fora do útero se nascer prematuro é de 96 por cento agora.

ATUALIZAÇÕES DA MÃE

- Seus órgãos internos estão sendo esmagados.
- Os movimentos crescentes do bebê significam que a mãe está sentindo pontapés e agitações com mais frequência.
- Ela provavelmente está sentindo com frequência dores nas costas e na ciática quando o bebê começa a pressionar o nervo ciático.
- Ela pode sentir falta de ar quando o bebê pressionar seus pulmões.

COMPROMISSOS INADIÁVEIS

- As consultas do terceiro trimestre agora são feitas a cada duas semanas, em vez de quatro. Se o médico não houver recomendado ainda, ele pode solicitar exames de ISTs, uma vez que elas podem causar complicações no nascimento. Se o teste de Rh for negativo, o médico começará as injeções de imunoglobulina.

Metas familiares

PAPAI DOULA: ajude a mãe a aliviar a dor no ciático. Existem vários alongamentos que podem ajudar a aliviar a pressão sobre o nervo ciático. A postura da mesa e a postura do pombo são duas ótimas maneiras de aliviar a dor.

PLANEJANDO-SE COM ANTECEDÊNCIA: dê outra olhada em suas listas. Você já adquiriu todos os itens básicos para o berçário? E para as bolsas de fraldas? E para a mala da maternidade? Você já testou cadeirinhas de bebê que se encaixam em seu carro, bem como um carrinho de bebê, para tornar sua vida mais fácil enquanto você faz tarefas ou viaja? Os carrinhos são ótimos — tivemos carrinhos de bebê de cerca de cinco marcas diferentes — mas nos primeiros meses você precisa de um tipo de carrinho em que não seja preciso remover o bebê do assento toda vez que você entrar e sair do veículo. Um carrinho desses torna sua vida muito mais fácil e, além disso, quem quer acordar um bebê que está dormindo?

SEMANA 29

Sorrindo no interior

O bebê continua a crescer e a ganhar peso e neste ponto tem provavelmente cerca de 38 a quarenta centímetros e pesa entre 1,1 a 1,3 quilo. Ele está começando a experimentar o sono REM durante seus ciclos de sono. Como o bebê está crescendo rápido, ele está começando a ficar apertado lá dentro, e em vez de pontapés ou socos, a mãe pode começar a sentir golpes mais suaves, parecidos com pequenas pancadas. A outra maravilhosa surpresa que pode acontecer neste momento é em relação ao umedecimento dos seios. O corpo da mãe está produzindo prolactina, que pode causar a liberação de colostro dos mamilos.

Metas familiares

PLANEJANDO-SE COM ANTECEDÊNCIA: entreviste um pediatra. Peça encaminhamentos para pediatras a amigos que têm filhos. Você pode pesquisar on-line, mas a maioria dos pediatras reserva alguns minutos para sentar-se com você e sua parceira para discutir sua prática e ver se ela se alinha com suas crenças.

TERCEIRO TRIMESTRE | SÉTIMO MÊS | SEMANA 29

ATUALIZAÇÕES DO BEBÊ

- O bebê começa a sorrir e tem o tamanho de uma abóbora.
- O bebê está começando a ter episódios de sono REM e possivelmente sonhos.
- Os ossos do bebê estão endurecendo.
- A testa está saliente, com um cérebro em crescimento.
- O peso atual do bebê vai dobrar, triplicar e até mais que isso durante os próximos três meses.

ATUALIZAÇÕES DA MÃE

- O corpo da mãe está produzindo mais prolactina em antecipação à lactação.
- A barriga dela está ficando maior e mais arredondada.
- A sua altura uterina pode chegar a até dez centímetros.
- Sua micção tem sido frequente.
- Seus movimentos estão longe de serem suaves.
- O colostro pode começar a ser liberado dos seios.

COMPROMISSOS INADIÁVEIS

- A mãe tem consultas médicas a cada duas semanas agora que estamos no terceiro trimestre, então ela deve ter uma nesta semana. Consulte a Semana 28 para maiores detalhes.

PAPAI DOULA: ajude a mãe a encontrar o banheiro. Com o útero ficando cheio, o bebê está constantemente pressionando a bexiga da mãe, fazendo com que ela urine com frequência. Estou sempre ajudando minha esposa a procurar o banheiro mais próximo quando vamos de um compromisso para outro ou quando estamos conhecendo um restaurante pela primeira vez. Este não é o melhor momento para ficar preso em uma longa fila em algum lugar ou subestimar a duração de um leve passeio de fim de semana na natureza.

PAPAI DOULA: leve roupas sobressalentes. Sempre é uma boa ideia ter uma camisa, suéter ou jaqueta de reserva ao alcance. Pode até ser uma boa ideia para sua parceira ter um secador para os seios em mãos para evitar uma potencial situação embaraçosa durante as compras. Não há nada como caminhar em uma loja com dois pontos molhados em locais bem visíveis!

HORA DA UNIÃO: inscreva-se em aulas de parto. Já mencionei isso uma vez e não é tarde demais para ter algumas aulas antes do grande dia. Mais uma vez, isso é algo que vocês podem fazer juntos e que os aproximará do processo. Aulas de Lamaze e RCP para bebês também são excelentes alternativas.

SEMANA 30

Seu pequeno repolhinho

O bebê tem cerca de quarenta centímetros e 1,3 quilo neste ponto. O cérebro está se formando depressa, incluindo todos aqueles sulcos e vincos que proporcionarão o tão necessário espaço para se expandir à medida que o bebê faz a transição de recém-nascido indefeso para bebê responsivo, criança verbal, pré-escolar fora do controle (tive um desses) e o céu é o limite (tive dois!).

O cérebro do bebê agora também está assumindo tarefas diferentes. Nas últimas semanas, o bebê foi coberto por um fino e sedoso pelo (lanugo) que ajudou a mantê-lo aquecido. Mas agora o cérebro do bebê é capaz de fazer isso, de modo que o lanugo está desaparecendo lentamente e, ao nascer, o mais provável é que ele tenha desaparecido.

Os ligamentos da mãe estão relaxando na preparação para o nascimento e o tamanho do bebê e do útero estão causando todo tipo de desconforto. Os pés dela também estão se alargando, mas vá por mim, não a chame de Pé Grande, a menos que você queira receber um chute. Em vez disso, massageie esses pés enormes enquanto vocês estão sentados juntos no sofá assistindo a uma nova comédia romântica.

TERCEIRO TRIMESTRE	SÉTIMO MÊS	SEMANA 30

ATUALIZAÇÕES DO BEBÊ

- O cérebro do bebê está ficando enrugado.
- As mãos do bebê estão agora totalmente desenvolvidas.
- O bebê está agarrando as coisas.
- Células adiposas estão regulando a temperatura do corpo, então o lanugo está desaparecendo.
- A medula óssea do bebê está agora produzindo células vermelhas do sangue.

ATUALIZAÇÕES DA MÃE

- Os ligamentos estão começando a relaxar.
- Sua vontade de urinar é constante.
- Os seios dela aumentaram de tamanho e o desconforto continua.
- A falta de sono da mãe causa exaustão. Óleos essenciais como lavanda podem ser ótimos em um difusor de óleo, mas você vai precisar consultar um especialista holístico para ter a certeza de que está usando algo que não seja prejudicial para o bebê em desenvolvimento. Os médicos recomendarão que a mãe limite a quantidade de chá que ela está consumindo, portanto, isso pode não ser uma opção.

COMPROMISSOS INADIÁVEIS

- A segunda consulta do terceiro trimestre pode acontecer. A mãe pode fazer o exame de infecção estafilocócica, que pode ser passada para o bebê através da amamentação. Um teste de "contagem de chutes" pode ser feito para determinar a saúde do bebê. Outro ultrassom pode ser agendado.

Metas familiares

PAPAI DOULA: ajude a mamãe a se sentir bem. Se você conseguiu evitar fazer piadas sobre os pés da sua parceira e ainda está vivo, pergunte se ela está feliz com os sapatos que tem — eles podem ser um importante fator para manter seus dedos e arcos dos pés menos doloridos. Se não, leve-a para uma segunda rodada de compras de sapatos caso os que ela comprou antes não estejam mais cabendo!

DONO DE CASA: segurança doméstica/proteção para o bebê. Se você não tiver feito qualquer pesquisa sobre o que é necessário para a proteção do bebê em sua casa, reserve um pouco de tempo e comece a fazer uma lista. Olhe seu apartamento ou casa e veja os perigos que você pode inicialmente eliminar, a partir do senso comum, como as tomadas elétricas expostas e limpadores domésticos embaixo da pia. Então, compare sua lista com uma lista profissional e perceba se há outros perigos que podem ser eliminados antes de o bebê ir para casa.

GATILHO DE CONVERSA: comece a falar sobre um plano para o quarto trimestre. Dormir é extremamente importante para ambos os pais quando o bebê nascer e nunca é cedo demais para começar a falar sobre como vocês dois vão lidar com esse processo. Quem vai se levantar no meio da noite para alimentar o bebê? Se a mãe estiver amamentando e bombeando, o pai fará isso? Se o pai trabalha em tempo integral, ele vai lidar com as noites de fim de semana enquanto a mãe cobre os dias de semana? Sem pelo menos quatro a seis horas de sono ininterrupto, ambos serão inúteis. Se nenhum dos pais pode sacrificar a perda do sono ou sustentar tarefas em equipe, talvez você devesse pensar em contratar uma enfermeira noturna ou doula para ajudar nas primeiras semanas.

SEMANA 31

Virando a cabeça

Mesmo que o bebê esteja se aproximando rapidamente da data de nascimento e pese cerca de 1,3 quilo, ele deve ganhar mais dois quilos antes de fazer sua estreia. Ele está fazendo trilhões de conexões cerebrais e processando informações, rastreando luz e percebendo os cinco sentidos. O bebê também está dormindo muito mais agora, obtendo aquele valioso sono REM, e a mãe pode definitivamente começar a sentir as horas em que ele dorme.

A mãe segue sentindo desconfortos e as contrações de Braxton Hicks aumentam a cada dia. Somente ela pode aprender e dizer a diferença entre o que pode ser uma contração de Braxton Hicks e a *contração da chegada do bebê*, por isso você tem que ficar atento e ouvir os instintos dela. A dor ciática é bastante normal. Ela acontece quando o bebê dá socos e pontapés ou descansa sobre o nervo ciático, o que irá causar uma dor das costas até as pernas.

A síndrome das pernas inquietas é menos comum (afetando talvez 15 por cento das mulheres grávidas), mas incomoda bastante quem a experimenta, especialmente à noite, quando a mãe está tentando dormir. Acupuntura, ioga e meditação parecem reprimir a sensação de arrepio e formigamento sentida nas pernas que estraga uma boa noite de sono.

TERCEIRO TRIMESTRE | SÉTIMO MÊS | SEMANA 31

ATUALIZAÇÕES DO BEBÊ

- O bebê pesa perto de um quilo e meio e tem o tamanho de um coco.
- O bebê está agora chutando, virando, soluçando e dando socos no útero.
- A gordura corporal do bebê está aumentando.
- O bebê pode mover a cabeça de um lado para o outro.

ATUALIZAÇÕES DA MÃE

- As contrações de Braxton Hicks da mãe aumentam em frequência e intensidade.
- A mãe pode realmente sentir o bebê se movendo e isso pode até acordar ela à noite.
- Os desconfortos da mãe continuam.
- A mãe pode perceber quando o bebê está dormindo e quer dormir ao mesmo tempo.

COMPROMISSOS INADIÁVEIS

- Veja a Semana 30.

Outro dilema é o *lightning crotch* (choque na virilha, em tradução livre). Eu lhe darei um minuto enquanto você limpa seja lá o que tenha cuspido e se recomponha. O choque na virilha é real. Não se trata de um vídeo de humor do Porta dos Fundos (ainda), na verdade é uma dor horrível a qual muitos médicos já criaram teorias, mas não conseguem explicar. É uma explosão de dor ocasional e intensa no fundo da pélvis ou da vagina, descrita por algumas mulheres como fisgadas bruscas ou choques elétricos. Alguns médicos acham que essa repentina fisgada, que causa uma sensação de ardor, pode ser atribuída ao bebê pressionando o nervo que leva ao colo uterino, mas isso é impossível de identificar. Então, se sua parceira cair de joelhos e gritar de horror no meio do sermão da igreja na manhã de domingo, apenas lembre-se de que ela pode não estar precisando de um exorcismo.

Com a chegada do bebê em breve, não é uma má ideia começar a estocar alimentos enquanto você ainda tem energia. Quando Jen e eu tivemos nossos dois primeiros filhos, morávamos em um apartamento em Los Angeles. Não tínhamos muito espaço, muito menos para um segundo refrigerador ou um freezer na garagem (parte do porquê voltarmos ao Leste). Se tivéssemos um desses aparelhos disponíveis, eu poderia ter considerado essa opção. Se você será pai pela primeira vez, você pode confiar apenas no que outras pessoas que passaram por isso lhe disseram. Eu gostaria de me juntar ao bolo dizendo-lhe que uma vez que o bebê nasce, qualquer pequena dica como esta pagará dez vezes mais dividendos.

Metas familiares

PLANEJANDO-SE COM ANTECEDÊNCIA: preparação das refeições. Faça um lote de lasanha caseira, divida-a em porções, embrulhe-a em sacos, ponha na geladeira e date. Ou arrume um pouco de manjericão e faça um molho pesto que você possa congelar para servir mais tarde com massa. Refeições congeladas serão um conforto para aqueles dias em que você não conseguir preparar refeições.

PONTO POSITIVO: compre um *push present* (presente de parto, em tradução livre). Não tenho certeza de quando essa coisa de "*push present*" se popularizou. Só sei que quando minha esposa estava entrando em seu terceiro trimestre de gravidez da nossa filha, as pessoas começaram a me perguntar: "O que você dará de presente para ela?". Minha resposta inicial foi: "O bebê não é o presente?". E não me preocupei com o fato de minha resposta não ter sido o suficiente. Nunca é uma má ideia presentear a mãe com uma joia a qual ela possa se apegar emocionalmente. Dessa vez, não como um "*push present*", mas como surpresa, comprei para minha esposa um colar de prata que tinha quatro pintinhos (um para cada uma de nossas crianças) e ela disse que foi a melhor coisa que eu já comprei para ela. Em outro momento, consegui obter uma cópia em JPEG do batimento cardíaco do nosso bebê e o transformei em uma peça de joalheria de prata. Pedras zodiacais e joias com as iniciais são outras boas opções.

PAI
MAIS PAI
DO MUNDO

CAPÍTULO OITO

O oitavo mês

Com apenas mais um mês além deste, você e sua parceira ou estão amando cada minuto ou estão de alguma forma cansados dos últimos meses. De qualquer forma, o pequeno embrulho de felicidade chegará em breve!

É indispensável que a mãe tenha o máximo de descanso possível neste mês. Verifique as checklists trimestrais para ter certeza de que você não será pego desprevenido — isso foi o que o trouxe até aqui! Se você está atrasado na preparação da casa para o bebê e em ter todos os acessórios que vêm junto com o fato de ser um novo pai, você precisará correr atrás do atraso nestas semanas restantes.

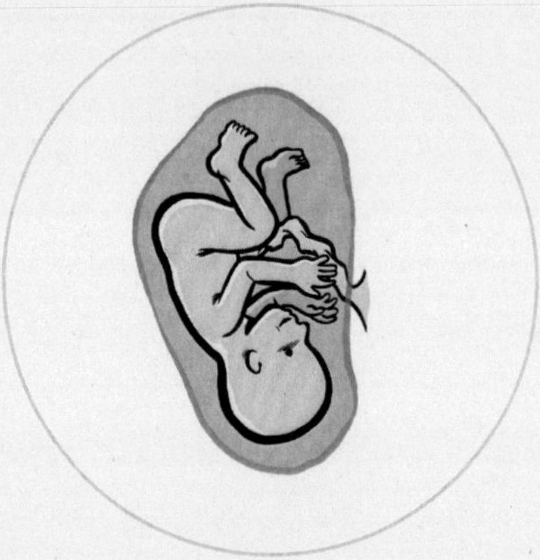

FETO DE OITO MESES

NOVOS EQUIPAMENTOS

pele opaca, crânio

COMPARAÇÃO DE TAMANHO

bola de futebol americano, sapato de homem tamanho 46

OBSERVAÇÕES

inspira e expira, responde à dor, posiciona-se para baixo

SEMANA 32

Órgãos totalmente desenvolvidos

Nesta semana, todos os órgãos do bebê estarão completamente desenvolvidos, com os pulmões ainda inalando e exalando o líquido amniótico enquanto o bebê se prepara para respirar por conta própria. O bebê continua a engordar como eu e você de novembro a janeiro e sua pele fica finalmente opaca. O bebê tem entre 1,6 e 1,8 quilo e mede entre 38 a 43 centímetros.

A mãe está se sentindo cada vez maior. O sono está vindo em surtos, o que torna difícil manter um humor equilibrado e concentrar-se em qualquer coisa. Certifique-se de que sua parceira continue comendo pouco e durma com a cabeça erguida — uma forma de aliviar a azia.

Metas familiares

PAPAI DOULA: mantenha o humor e os pés da sua parceira para cima. Incentive a mãe a elevar a cabeça à noite e utilizar uma almofada para dormir, colocando as pernas em uma posição que seja confortável o suficiente para que ela possa descansar um pouco.

TERCEIRO TRIMESTRE	OITAVO MÊS	SEMANA 32

ATUALIZAÇÕES DO BEBÊ

- O bebê pesa cerca de dois quilos e tem o tamanho de uma abóbora espaguete.
- Todos os órgãos estão desenvolvidos, exceto os pulmões.
- O bebê inala e exala o líquido amniótico.
- A pele do bebê fica finalmente opaca.

ATUALIZAÇÕES DA MÃE

- Sua altura uterina pode chegar de 31 a 35 centímetros e a barriga está ficando maior.
- O umbigo pode começar a ficar para fora.
- O bebê pode estar descendo, pressionando ainda mais a bexiga.
- As contrações de Braxton Hicks continuam a se intensificar.
- Vazamentos nos seios e corrimentos na vagina são possíveis.

COMPROMISSOS INADIÁVEIS

- Esteja a par sobre os resultados dos exames do terceiro trimestre. Se ela foi testada para estafilococos, esses resultados devem estar disponíveis. Eles pesarão na decisão se ela vai ser capaz de amamentar.

PLANEJANDO-SE COM ANTECEDÊNCIA: finalize o plano de parto. É hora de bater o martelo quanto ao plano de parto definitivo que vocês compartilharão com o médico. Se a mãe estiver muito sobrecarregada na sala de parto, você (e possivelmente sua doula) será seu maior defensor e porta-voz. Você precisa se preparar para ajudar a orientar o médico a seguir o plano e ser capaz de falar com confiança se houver complicações e outras ações forem necessárias. A única coisa que ter crianças lhe ensinará é que nada acontece na hora certa ou nunca conforme o planejado. Seja flexível e tenha um plano reserva, mas seja fiel ao que vocês estabeleceram. Esse também é um bom momento para discutir se você e sua parceira desejam optar pelo banco de sangue do cordão umbilical.

SEMANA 33

Crânio flexível

Seu bebê ganhará cerca de 225 gramas por semana e está se preparando muito para viver fora do útero. A consistente ingestão de líquido amniótico está preparando o sistema digestivo para a alimentação. O crânio ainda não está totalmente formado e há uma razão para isso. O bebê precisará dessa flexibilidade para poder passar pelo canal de nascimento. A área em que o crânio não está totalmente formado é conhecida como "fontanela", mas é comumente chamada de "moleira".

A mãe está nos trechos finais do que tem sido uma longa jornada. Ela está cansada, desconfortável e não consegue parar de falar sobre esse bebê sair de sua barriga. Ela está com fome o tempo todo, mas tem problemas para comer por causa da azia e do desconforto. Enquanto o parto ainda está a algumas semanas de distância, é importante que a mãe se familiarize com a diferença entre o vazamento de urina e o vazamento de líquido amniótico. A urina costuma ser amarela (sim, você já sabia disso) e tem um leve cheiro de amônia, enquanto o líquido amniótico é claro e tem um cheiro mais doce. Só tive a oportunidade de encontrar líquido amniótico uma vez e era tarde da noite durante nossa segunda gravidez. A bolsa de minha esposa estourou quando ela estava na cama e isso não me acordou de primeira (só despertei quando ela me deu um soco nas costas), e ela me disse que fez o som parecido com o de um balão de água sendo estourado de forma suave. Minha esposa nunca teve certeza se realmente fez um som que eu pudesse ouvir ou se ela podia ouvi-lo dentro de seu próprio corpo, mas ela certamente sentiu isso dessa forma. Foi quando eu entrei em pânico... mas vou guardar este momento para mais tarde neste livro.

TERCEIRO TRIMESTRE	OITAVO MÊS	SEMANA 33

ATUALIZAÇÕES DO BEBÊ

- O bebê está ganhando cerca de 225 gramas por semana.
- O bebê está provavelmente em uma posição de cabeça para baixo, descendo para a pélvis inferior.
- O crânio do bebê ainda não está totalmente formado, pois precisa dessa flexibilidade para passar pelo canal de parto. É por isso que os bebês nascem com uma "moleira", também conhecida como "fontanela".

ATUALIZAÇÕES DA MÃE

- O topo do útero da mãe está cerca de 12 centímetros acima dos ossos púbicos dela neste momento e sua barriga está redonda e grande.
- Ela pode estar carregando o bebê mais embaixo.
- Ela está muito cansada e irritada, principalmente por conta do desconforto, que é normal a partir de agora até o nascimento.
- É muito provável que ela não esteja dormindo bem.
- A mãe pode frequentemente sentir fome por causa de tantos nutrientes que vão para o bebê, mas pode ser difícil para ela comer porque isso lhe causa desconforto e azia.

COMPROMISSOS INADIÁVEIS

- Ver a Semana 30.
- Confirme o registro no hospital ou no centro de parto.

Metas familiares

PAI NUTRI: faça algo fácil para ela comer. Pode ser difícil para a mãe suportar muitas refeições por causa da náusea ou do cheiro. Para combater isso, eu oferecia uma batida de proteína que dava à minha esposa os nutrientes que tanto ela quanto o bebê precisavam.

PLANEJANDO-SE COM ANTECEDÊNCIA: visite o hospital ou centro de parto. Minha esposa e eu visitamos cada um dos hospitais nos quais ela deu à luz. Quase todos os hospitais e centros de partos oferecem aos pais a oportunidade de entrar e caminhar através das unidades e salas de recuperação pós-parto. Você pode se familiarizar com os ambientes e sons do hospital e definitivamente não é uma má ideia fazer uma visita. Isso ajuda você a ter uma ideia de onde fica a sala de emergência, onde pode estacionar, se você precisará parar e pegar um ticket de estacionamento (em vez de derrubar os portões do hospital como um pai selvagem) e o que constitui a planta geral do prédio, bem como as regras e processos para que você possa compartilhar essas informações com sua família, sogros e amigos.

GATILHO DE CONVERSA: discuta quem vocês querem no hospital e na sala de parto. Minha esposa e eu pensamos que "quanto mais melhor" na sala de espera e para as visitas durante os cuidados de pós-parto no hospital. Pensamos nisso como a primeira festa de aniversário do nosso bebê. Convidamos as famílias e todos os amigos mais próximos para estarem lá. Mas por mais que quiséssemos que todos estivessem conosco para celebrar a chegada do bebê, não queríamos mais ninguém na sala de parto. Este é, para nós, um momento privado para compartilharmos juntos e os pais precisam tomar essa decisão. Dito isto, alguns casais decidem que querem suas mães e sogras (ou outros membros especiais da família, como os padrinhos) para estarem presentes no nascimento. Essa é uma conversa importante para ter como casal para certificar-se de que vocês estão em sintonia quanto às questões de privacidade. Além disso, todos os hospitais têm diretrizes sobre o número de pessoas permitidas nas salas de parto e alguns têm regras sobre o número de pessoas que, a qualquer momento, podem visitar durante o pós-parto. (Além disso, não custa nada mimar suas enfermeiras — uma dúzia de rosquinhas aqui, um balde de doces ali, e você pode muito bem arrumar um jeito de ser o paciente predileto na ala).

SEMANA 34

Vérnix

Seu bebê tem entre 43,1 e 43,7 centímetros de comprimento e mais de dois quilos nesta semana. Para a mãe, é quase como carregar um pacote de açúcar granulado com membros. Se for um menino, os testículos quase completaram seu rapel do abdômen para a bolsa escrotal. Tenha em mente que de três a quatro por cento dos meninos nascem sem testículos descendentes. Não se preocupe: na maioria dos casos, eles caem antes do primeiro aniversário do menino. E se isso não ocorrer, ainda não há nada com que se preocupar. Confie em mim, eu já passei por isso. Basta consultar o pediatra e ele o indicará um especialista.

Outra coisa legal que aconteceu é que as unhas do bebê finalmente chegaram às pontas dos dedos. É sempre bom adicionar a compra de um cortador de unha (a menos que você seja da velha guarda e use tesoura de unhas de bebê) para sua checklist. Eles são fabricados com travas de segurança, no caso de você acabar deixando as unhas muito curtas. Aí vai um conselho: corte

TERCEIRO TRIMESTRE	OITAVO MÊS	SEMANA 34

ATUALIZAÇÕES DO BEBÊ

- O bebê tem cerca de 2,2 quilos e o tamanho de um melão.
- Sua cabeça provavelmente está descendo em direção à pelve.
- As unhas do bebê chegam agora às pontas dos dedos.
- Os pulmões do bebê estão na última semana de desenvolvimento.
- Se for um menino, os testículos já desceram completamente.

ATUALIZAÇÕES DA MÃE

- O útero da mãe está ocupando um espaço significativo e causando desconforto.
- Ela pode estar experimentando alguma ansiedade relacionada à ideia do parto.
- Ela está cansada e urinando muito.
- O aumento da produção de urina pode fazer com que a mãe se sinta cansada de beber líquidos, mas a realidade é que ela precisa se manter hidratada.

COMPROMISSOS INADIÁVEIS

- Faça pelo menos uma visita ao hospital para garantir que você conheça o caminho e as rotas alternativas. No fim de semana anterior a uma cesariana planejada para o nascimento de nosso segundo filho, um grande fechamento do sistema rodoviário em Los Angeles causou um engarrafamento de trânsito que ficou conhecido como "Carmageddon". Praticamente nada a respeito de ter filhos acontece de acordo com a agenda, então não foi realmente uma surpresa quando a bolsa da minha esposa rompeu naquele domingo e nos encontramos à procura de atalhos para chegar ao hospital, o que nos levou o dobro do tempo.

Ela não consegue ver abaixo da cintura há semanas e precisa se deitar de costas só para ter certeza de que seus sapatos estão nos pés certos. Ela está estressada, assim como muitas mães prestes a dar à luz. Ela está muito ansiosa sobre o que irá acontecer nas próximas semanas, já que as mulheres têm compartilhado suas histórias de parto com ela desde que vocês dois anunciaram a gravidez. Essas coisas ficam dentro da sua cabeça. Faça tudo que puder para deixá-la confortável e aliviar o estresse.

Metas familiares

PAPAI DOULA: seja o garoto da água. Assim como meu velho amigo, o "garoto da água" original, Bobby Boucher Jr. (interpretado por Adam Sandler no filme *O rei da água*), diria: "Não, não, vocês estão bebendo a água errada". Esqueça bebidas cafeinadas ou qualquer coisa com corantes ou sabores artificiais. Água pura é o que há. A mãe precisa beber água, e muita. Talvez você possa visitar a Amazon Prime para conferir uma nova garrafa de água da cor favorita dela para fazer uma surpresa.

PLANEJANDO-SE COM ANTECEDÊNCIA: instale o assento infantil. Nos EUA de antigamente, você podia parar em um quartel de bombeiros e pedir que um deles instalasse o assento infantil para você, mas, infelizmente, acredito que esses dias acabaram. Vai levar algum tempo para descobrir como fazer a instalação. Consulte o manual do seu veículo para verificar o processo de instalação e veja alguns vídeos do YouTube de instalação de sua marca, apenas para ter certeza.

SEMANA 35

Um grande marco

Esta é uma grande semana. Seu bebê tem pulmões que agora estão totalmente desenvolvidos. Se nascer agora, o bebê tem uma boa chance de respirar por conta própria, o que é incrível! Os rins e o fígado estão totalmente desenvolvidos, assim como todos os outros órgãos. O bebê tem cerca de 45 centímetros e um pouco mais de dois quilos. Ele ainda está ganhando um pouco de peso e formando o grande e velho cérebro. Se isso já não tiver acontecido, é provável que o bebê esteja se virando de cabeça para baixo para estar pronto para a sua grande chegada.

Se o bebê ainda não tiver se mudado para o sul, a mãe pode ter momentos em que sentirá falta de ar. As contrações de Braxton Hicks continuam a acontecer e é muito fácil de confundi-las com o início de trabalho de parto. Ela está mais suscetível a se cansar fazendo movimentos diários normais e está na hora (se você ainda não o fez) de o pai cuidar da casa. Sou um pouco obsessivo, mas eu gosto de tentar ficar um passo à frente de minha esposa. Eu demoro alguns minutos para remover os quarenta travesseiros decorativos de nossa cama, encher o difusor de óleos essenciais (com óleos seguros para a gravidez, confira isso!) e certificar-me de que ela tem água antes mesmo de entrar na sala. E eu não faça isso apenas na quinta-feira, domingo e segunda-feira à noite, quando há partidas de futebol... Mas se eu conseguir pôr as crianças na cama e acomodar minha esposa para poder assistir a algumas partidas sem ser interrompido, vou para o inferno por isso? Não, e você também não irá.

TERCEIRO TRIMESTRE | OITAVO MÊS | SEMANA 35

ATUALIZAÇÕES DO BEBÊ

- O bebê tem o tamanho de uma pequena bola de futebol americano.
- Os pulmões do bebê estão totalmente desenvolvidos.
- Os rins e fígado do bebê, assim como todos os outros órgãos, estão totalmente desenvolvidos.
- O bebê engorda sem parar.

ATUALIZAÇÕES DA MÃE

- Se o bebê ainda não desceu, ele está colocando muita pressão nos pulmões da mãe, o que pode levar à falta de ar.
- Se o bebê estiver descendo, a mãe sentirá algum alívio desses sintomas, mas por outro lado, o bebê agora faz mais pressão sobre a bexiga.
- As contrações de Braxton Hicks dela aumentam em frequência e é fácil confundi-las com a coisa real.

COMPROMISSOS INADIÁVEIS

- Esta é a última semana de consulta realizada a cada duas semanas: o bebê pode vir a qualquer momento agora.

FOLHA DE COLA: ETAPAS DO TRABALHO DE PARTO

Primeira Etapa: começam as contrações que provocam mudanças progressivas no colo uterino. Essa etapa termina quando o colo uterino está totalmente dilatado. Há trabalho de parto precoce (ocorre o apagamento e a dilatação gradual do colo do útero) e ativo (o colo do útero se dilata mais rapidamente e as contrações são mais longas, mais fortes e mais próximas).

Segunda Etapa: a mãe está totalmente dilatada e a coroação acontece conforme a mãe empurra. Essa etapa termina com o nascimento do bebê.

Terceira Etapa: nasce o bebê. Essa etapa termina com a expulsão da placenta.

Metas familiares

DONO DE CASA: assuma o controle de toda a casa. Qualquer trabalho doméstico que você fizer antes dela é uma vitória. Seja levando os animais de estimação para um passeio, preparando o jantar, limpando a cozinha ou lavando a roupa, faça o que puder para que a mãe possa somente colocar os pés para cima e descansar.

PLANEJANDO-SE COM ANTECEDÊNCIA: prepare uma bolsa. Cara, esse é o aviso final. Nossos segundo e terceiro bebês vieram mais cedo e eu procrastinei. Acabei jogando minha bolsa fora quando minha esposa estava limpando o líquido amniótico de nosso edredom (não pergunte). Digamos apenas que minhas roupas para o hospital eram uma combinação de camisas sociais amassadas e calções de banho. Este é um aviso claro: não seja como eu.

☑ PLANEJANDO-SE COM ANTECEDÊNCIA: plano de trabalho de parto e nascimento. Não estamos falando sobre um plano de parto — você já deveria ter alinhado isso com sua parceira e o médico. Estou falando de quem vai alimentar o peixe e ligar as luzes à noite para que você não seja roubado.

MELHOR
PAI
PIADISTA

CAPÍTULO NOVE

O nono mês

Foi um longo caminho, mas finalmente você está aqui. Este é o mês que todos estavam esperando... a menos, é claro, que o nascimento ocorra no décimo mês, nesse caso, aguente firme!

A mãe está provavelmente muito cansada, desconfortável em todas as posições e mal pode esperar para dormir de bruços *e* ver seus pés e vagina de novo. O bebê continua a ganhar peso e posicionar-se para nascer.

Este mês parece que leva uma eternidade para passar, mas você vai ser capaz de se manter ocupado com os preparativos de última hora para o berçário e apartamento ou casa e finalizando os preparativos, caso seja necessário se apressar para ir ao hospital a qualquer momento. Provavelmente, não faltarão familiares e amigos entrando em contato para obter seu endereço, perguntando em qual hospital você estará e compartilhando quaisquer outros detalhes em que pensarem. Não fique tão envolvido com assuntos secundários que o impeçam de desfrutar um tempo de sossego com sua parceira e o momento em que chegará um novo rosto sorridente neste mundo!

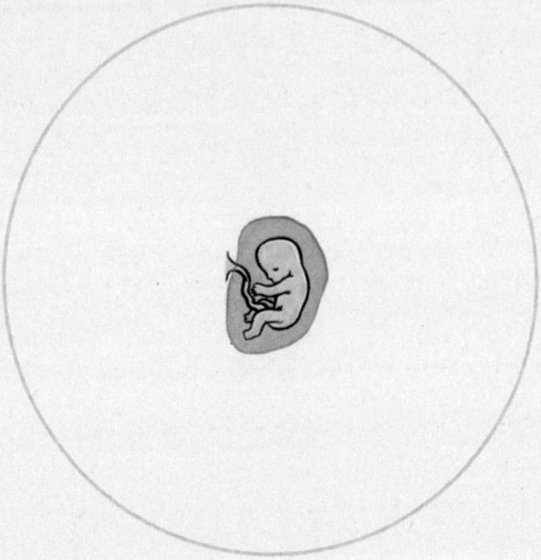

FETO DE NOVE MESES

NOVOS EQUIPAMENTOS

cordas vocais, pulmões totalmente desenvolvidos, rins, intestinos, desenvolvimento rápido do cérebro

COMPARAÇÃO DE TAMANHO

melancia, pipoca tamanho grande, chihuahua

OBSERVAÇÕES

ouve, pisca, agarra

SEMANA 36

Na reta final

Seu bebê está pesando em torno de 2,7 quilos e provavelmente mede de 45 a 48 centímetros. Parabéns, você está na reta final. Para aqueles que já defumaram um frango utilizando o método tradicional — escolhendo uma madeira cuidadosamente, verificando e monitorando o processo, mantendo o calor constante por horas — esse processo não está longe do que você está experimentando neste momento. Preparar esse frango com carinho e então tirá-lo do forno para deixá-lo descansar é como observar seu bebê nascendo, após vê-lo repousar por meses na barriga da mãe. Isso causa certo conforto e alegria contagiante.

Ok, ok... talvez eu tenha forçado um pouco a barra na analogia, mas estou prestes a ter uma quarta criança e são as coisas simples que definem minhas emoções. Os sistemas circulatório e musculoesquelético estão prontos. O sistema digestivo também está pronto, e ainda não está em funcionamento. Mas apertem os cintos. O bebê está chegando.

TERCEIRO TRIMESTRE | NONO MÊS | SEMANA 36

ATUALIZAÇÕES DO BEBÊ

- O bebê está totalmente desenvolvido e continua a ganhar peso.
- O bebê tem o tamanho de uma alface.
- Os movimentos do bebê no útero são agora mais sutis.
- As bochechas do bebê estão se enchendo.
- O bebê está formando mecônio a partir da absorção do líquido amniótico.

ATUALIZAÇÕES DA MÃE

- Os hormônios estão afrouxando o tecido conjuntivo da mãe em preparação para o parto.
- O encaixe (a descida do bebê) ainda pode estar ocorrendo.
- Ela tem inchaço nas extremidades inferiores, dores nas costas e falta de sono, o que pode causar irritabilidade.

COMPROMISSOS INADIÁVEIS

- As consultas estão agora chegam a uma vez por semana. O médico verificará a posição do bebê e a altura uterina e continuará a monitorar a urina, o peso e a pressão arterial. A mãe pode precisar de um ultrassom para determinar a posição do bebê. Se sua agenda permitir, é ideal fazer visitas semanais.

VIAGEM AÉREA

De acordo com a maioria dos especialistas, é perfeitamente seguro voar durante a gravidez, até mesmo a partir de 36 semanas. Entretanto, uma vez que a mãe tenha atingido a marca de 36 semanas, a maioria dos médicos não recomenda viagens aéreas. De fato, a maioria das companhias aéreas não permite que mulheres viajem de avião nessa etapa da gravidez. Se a viagem aérea for absolutamente necessária, você precisará de uma autorização médica para embarcar no avião.

Metas familiares

DONO DE CASA: deixe que ela fique de pernas para o ar. Continue com a prática de ficar um passo à frente dela em casa, puxando para você o máximo de tarefas que puder. Você não tem ideia de como isso dará alívio a sua parceira.

PAPAI DOULA: hora da soneca para a mãe. Faça o que puder para incentivar a mãe a descansar, mesmo que ela tenha que faltar a encontros com amigos ou eventos relacionados ao trabalho. Essas pessoas entenderão. E se não entenderem, eles provavelmente ainda não passaram por esse processo.

SEMANA 37

Pré-termo

A excitante notícia desta semana é que se o bebê nascer, ele será considerado "a termo" ou em "termo completo" e não será mais prematuro. Observação: apenas cerca de cinco por cento dos bebês nascem em suas datas de nascimento previstas e cerca de 6,4 por cento nascem na Semana 37. Isso é mais provável com múltiplos. O bebê continua a ganhar peso, em torno de 225 gramas por semana e o feto médio pesa cerca de três quilos, embora o peso varie de feto para feto assim como de recém-nascido para recém-nascido. A gordura continua a se acumular e o bebê ainda está inalando e exalando líquido amniótico e virando de um lado para o outro no útero.

A mãe pode experimentar um aumento de energia quando o nascimento estiver próximo e se você não tem prestado atenção ao redor da casa, o mais provável é que ela tenha feito um ninho. Esse é um instinto natural de querer organizar e limpar as coisas ao redor para oferecer o melhor cenário possível para que o bebê chegue ao mundo.

Isso significa que pode ser uma perturbação o tempo todo? Sim. Você vai se ver xingando em cada ocasião em que estiver movendo móveis pela casa como se fosse um jogo das cadeiras? Sim. Você vai fingir sorrir e acenar com entusiasmo para sua parceira ao lavar a entrada da casa enquanto perde a final do campeonato? É claro, mas sorria e trabalhe com prazer. Trazer uma criança para este mundo é uma das coisas mais incríveis que você fará em sua vida.

TERCEIRO TRIMESTRE | NONO MÊS | SEMANA 37

ATUALIZAÇÕES DO BEBÊ

- O bebê está crescendo, engordando e descendo no útero.
- O bebê está a termo, portanto, não há muitas mudanças nesta semana.

ATUALIZAÇÕES DA MÃE

- Como o bebê está descendo, sua dor pélvica e vontade de fazer xixi são frequentes.
- A mãe pode ter estrias.
- O aninhamento está em pleno vigor.
- Por conta do bebê estar perto do parto, a mãe pode sentir um surto de energia.

COMPROMISSOS INADIÁVEIS

- As consultas são semanais. Ver Semana 36.

Metas familiares

PLANEJANDO-SE COM ANTECEDÊNCIA: reveja o plano de ação. É isso mesmo. A hora é essa. Todos estão em alerta máximo. Este não é o momento para deixar acidentalmente seu celular no carro de um amigo. Se você estiver preocupado que isso aconteça, engula seu orgulho e compre uma pochete chamativa. Fique em casa todos os dias, em contato com aqueles que estão inclusos em seu plano de emergência. Mantenha o contato, mesmo que seja apenas uma breve atualização sobre como a mãe está se sentindo.

PAI NUTRI: seja o guardião das refeições. Incentive sua parceira, por mais difícil que seja, a comer pequenas refeições ou petiscos em vários momentos ao longo do dia. Comer vai manter a força dela em dia e aumentará o volume do bebezinho que está prestes a chegar.

SEMANA 38

Pronto para conhecer você

Seu bebê está agora com mais de três quilos e medindo cerca de cinquenta centímetros. Apesar de existir a possibilidade de ele ficar por mais duas semanas (quatro no máximo) no útero, o bebê está pronto para nascer, o que significa que ele pode chorar. Ele ainda está em processo de descartar o vérnix, a substância branca e gordurosa que protege sua pele. Todo o resto está pronto. O bebê está simplesmente ganhando peso e permitindo que a sabedoria da Mãe Natureza decida quando é a hora.

A mãe sente o bebê descendo na pélvis, seu colo uterino pode estar amolecendo e pode até ter começado a se dilatar nesse ponto. O apetite dela provavelmente não é o melhor — é difícil comer qualquer refeição grande porque não há espaço para a comida! Batidas ou barrinhas proteicas saudáveis são excelentes escolhas. O bebê está ocupando tanto espaço que quase se torna sufocante. A mãe continua a ter sentimentos de ansiedade e espera ter um parto bem-sucedido e passar para o próximo passo: ir para a casa com o bebê.

A menos que uma cesariana esteja programada, é sempre incerto quando a mãe iniciará sua licença-maternidade. Se for um nascimento natural, a maioria dos casais quer ter aquela semana extra de trabalho remunerado para ajudá-los financeiramente; entretanto, você não quer comprometer o plano de parto, que é chegar ao hospital da maneira mais segura e menos estressante possível. É uma aposta e o termômetro deve ser o que a mãe sente em seu corpo.

TERCEIRO TRIMESTRE | NONO MÊS | SEMANA 38

ATUALIZAÇÕES DO BEBÊ

- O bebê está totalmente desenvolvido e continua a ganhar peso.
- O bebê pesa cerca de três quilos e é quase tão grande quanto uma bola de futebol.
- As unhas dos pés do bebê agora chegam ao fim dos dedos dos pés.
- As cordas vocais do bebê estão totalmente desenvolvidas.

ATUALIZAÇÕES DA MÃE

- O bebê continua a descer na pélvis e o colo uterino da mãe está amolecendo e se dilatando.
- O aninhamento continua.
- Onde quer que você vá, a mamãe já examinou o banheiro do lugar.

COMPROMISSOS INADIÁVEIS

- Há consultas todas as semanas. Se o bebê estiver pélvico, o médico já terá marcado ou marcará uma cesariana.

Metas familiares

PLANEJANDO-SE COM ANTECEDÊNCIA: inicie a licençamaternidade. Obviamente, todos no trabalho da mãe sabem que a gravidez dela está quase terminando. Se ela ainda estiver trabalhando, pode querer consultar seu patrão para considerar a possibilidade de pedir a licença-maternidade e sair agora mesmo para descansar em casa e aliviar as preocupações que ela poderia ter com um trabalho de parto em seu emprego.

PLANEJANDO-SE COM ANTECEDÊNCIA: peça a licença-paternidade. Se você tiver sorte o suficiente para trabalhar em uma empresa que oferece isso, você vai ter que se planejar cuidadosamente, pois vai querer tirar proveito de todos os dias disponíveis. Espero que seu empregador esteja a par da situação e sinta-se à vontade se você tiver que se ausentar no meio de um dia de trabalho. Um cenário ainda melhor é se sua mãe ou outro membro da família puder passar tempo com sua parceira uma semana ou duas até a devida data, para que você possa usar seu período de licença-paternidade para o pós-parto. Observação: as cesarianas são muito mais fáceis de planejar, pois você tem uma data relativamente definida para a chegada do bebê.

QUANDO UMA CESÁREA É NECESSÁRIA

Um parto cesáreo é o parto cirúrgico de um bebê realizado por meio de incisões feitas no abdômen e no útero da mãe. Há muitos motivos pelos quais uma cesariana pode ser necessária, mas um dos mais comuns é quando o bebê está em posição pélvica. A posição pélvica é quando o bebê não consegue manobrar a cabeça em direção ao canal do parto e, em vez disso, coloca-se em posição vertical. Em uma cesariana, os períodos de recuperação são prolongados e a permanência no hospital é um pouco mais longa. Uma cesariana também resultará em uma cicatrização mais complexa.

SEMANA 39

Pode ser qualquer dia agora

Seu bebê pesa entre 3,2 e 3,7 quilos, mede entre 48 e 53 centímetros e basicamente parou de crescer até o nascimento. Porém, o desenvolvimento do cérebro não se encerrou e deve continuar durante os primeiros anos. A pele velha está se desfazendo e uma nova pele está tomando seu lugar. O bebê não tem mais uma cor rosada, mas sim um branco ou cinza esbranquiçado que acabará mudando sua pigmentação após o parto.

A mãe pode estar se sentindo frustrada agora, desejando que o bebê finalmente chegue. A ansiedade do desconhecido está lá, assim como o desconforto que acaba a irritando. Agora é um grande momento para conferir sua lista de afazeres, incluindo o berçário, a mala da maternidade e a limpeza e organização da casa.

Metas familiares

PAPAI DOULA: promova o autocuidado. A mãe precisa cuidar de si mesma durante este período crítico. Banhos quentes são ótimos, assim como muito descanso e continuar a comer pequenas refeições. Ela deve manter os pés erguidos e não fazer muitas tarefas em casa ou no trabalho. Incentive a mãe a ler um novo livro ou pôr uma série em dia na Netflix.

TERCEIRO TRIMESTRE	NONO MÊS	SEMANA 39

ATUALIZAÇÕES DO BEBÊ

- O bebê está próximo do peso de nascimento e formando uma pele nova, que substitui a antiga.
- O bebê provavelmente pesa entre 3,2 e 3,7 quilos e continua a engordar.
- O bebê tem o tamanho de uma minimelancia e está a termo.

ATUALIZAÇÕES DA MÃE

- A posição do bebê pode fisgar os nervos e, como resultado, causar mais ocorrências do maravilhoso choque na virilha.
- Todos os seus desconfortos anteriores continuam. Com o bebê continuando a crescer, dormir será difícil, comer será uma tarefa árdua, e a locomoção para as atividades do dia a dia será lenta.

COMPROMISSOS INADIÁVEIS

- As consultas semanais continuam.

EMPATIA NA GRAVIDEZ: esteja de plantão. Se o bebê ainda não chegou, é muito provável que a mãe esteja mentalmente exausta e fisicamente incapaz de fazer qualquer coisa. É como se ambos estivessem sentados... esperando. A melhor coisa que você pode fazer é garantir que ela esteja confortável e tenha tudo de que precisa.

SEMANA 40

Finalmente!

Parabéns, você chegou ao fim da gravidez! O bebê pesa entre 3,2 e quatro quilos e mede de 48 a 55 centímetros. Cerca de trinta por cento de todos os bebês nasce durante esta semana, mas o seu pode querer ficar um pouco mais, o que está dentro da normalidade. Seu médico provavelmente não permitirá que a mãe passe de 42 semanas.

A mãe está enorme e pronta para que o parto aconteça logo. O colo uterino dela está amolecendo e começando a se dilatar. Ela sente desconforto e está entusiasmada, apavorada, nervosa, privada de sono e qualquer outra coisa que você possa pensar. Ela realmente precisa do seu apoio de todas as maneiras possíveis: físicas, mentais e emocionais.

Metas familiares

PAPAI DOULA: seja a rocha. Proporcione tranquilidade à sua parceira e esteja com ela ao longo de cem por cento do caminho. Você é o ponto de contato principal: o

TERCEIRO TRIMESTRE	NONO MÊS	SEMANA 40

ATUALIZAÇÕES DO BEBÊ

- O bebê está no peso que terá no nascimento. O médico pode adivinhar, mas é mais do que provável que você não saiba até que eles coloquem o bebê na balança.

ATUALIZAÇÕES DA MÃE

- O bebê desceu e está em posição de nascimento.
- O colo uterino da mãe continua a amolecer e se dilatar.
- A mãe provavelmente está desconfortável, animada, apavorada, nervosa e privada de sono. Ela também está ansiosa para começar sua vida como mãe.
- A mãe não terá seu período menstrual por mais algumas semanas.
- Se for a hora da mãe, tenha em mente que além de dar à luz, ela vai expulsar a placenta (muitas vezes referida como o segundo nascimento).

COMPROMISSOS INADIÁVEIS

- As consultas semanais continuam e o médico pode sugerir induzir o trabalho de parto.

DONO DE CASA: uma limpeza final. Se o bebê ainda não chegou e vocês dois estão esperando, pode ser uma boa hora para limpar o apartamento ou a casa uma última vez antes de trazer o bebê. Não há nada pior do que voltar para casa do hospital com um novo bebê e encontrar uma bagunça.

PAI NUTRI: induza o trabalho de parto através da comida. Você também pode marcar um ponto positivo aqui. Quase todas as cidades têm um restaurante famoso... Você sabe, aquele lugar onde dizem que as mulheres entram em trabalho de parto por comerem um prato específico. No Vale de San Fernando, Califórnia, há um conhecido como Caioti Pizza Cafe e há rumores de que "A Salada" faz as mulheres entrarem em trabalho de parto dentro de 24 horas. Seja o herói e confira alguns blogs locais para verificar se há rumores de um lugar em que você possa levar sua parceira.

SEMANAS 41 E 42

Haverá um bebê?

Seu bebê está chegando, não se preocupe. Em torno de quinze a vinte por cento dos bebês nascem nas semanas 41 e 42, e se não, o médico normalmente induzirá o trabalho de parto ou falará com você sobre uma cesariana. O bebê está em pleno funcionamento e continua a desenvolver suas funções cerebrais.

Todos os nossos bebês nasceram antes da Semana 40, então eu não conheço as inquietações mentais que os casais podem enfrentar neste ponto. Só posso equipará-lo ao que senti durante as Semanas 36, 37 e 38. Como marido e pai, eu tinha muita ansiedade. Eu não tinha certeza de quando "receberia a ligação" e tratava meu celular como se fosse o Santo Graal. Eu continuava a conferi-lo para ter certeza de que eu tinha cem por cento de vida útil da bateria, que eu estava sempre em zonas entre três e quatro barras e se alguém me ligasse "apenas para conversar", eu acelerava a conversa e desligava a chamada quase imediatamente. Eu não me importava sobre como Steve foi golpeado em

TERCEIRO TRIMESTRE	NONO MÊS	SEMANAS 41 E 42

ATUALIZAÇÕES DO BEBÊ

- Cerca de 16 por cento dos bebês nascem na Semana 41 e mais um por cento durante a Semana 42.
- Um bebê não é considerado pós-termo até a Semana 42, e o médico provavelmente induzirá o parto ou fará uma cesariana antes que esse tempo chegue.
- O bebê está a termo e continua a acumular gordura.

ATUALIZAÇÕES DA MÃE

- As mudanças da Semana 40 ainda estão em vigor.
- Ela pode se preocupar com o atraso do parto.
- Sua ansiedade está a mil.

COMPROMISSOS INADIÁVEIS

- As consultas semanais ainda estão acontecendo e a indução ou cesariana estão sendo discutidas.

Metas familiares

PLANEJANDO-SE COM ANTECEDÊNCIA: mantenha as malas da maternidade a postos. Quando nós chegamos a este ponto na gravidez, eu sempre levava minha mala da maternidade para o trabalho e a trazia para casa a cada noite. Eu a colocava na porta da frente, só por precaução.

PLANEJANDO-SE COM ANTECEDÊNCIA: fale sobre suas aulas. Se você se matriculou em Lamaze ou em outras aulas de parto, reserve 15 minutos de cada noite para praticar a respiração com sua parceira. Isso ajudará a manter as técnicas frescas nas mentes de ambos.

PAPAI DOULA: cuide do papai. O autocuidado ainda é de grande importância. Tire um momento para meditar ou correr para manter a sanidade.

CHECKLIST DO PRIMEIRO TRIMESTRE

LAR:

- ☐ Torne a casa segura para o bebê.
- ☐ Instale o assento infantil do carro.
- ☐ Certifique-se de que você tenha sua mala da maternidade com você todas as vezes. Assegure-se de que a bolsa de sua parceira esteja preparada e na porta da frente ou acessível a qualquer momento.
- ☐ Ajude sua parceira a escrever cartões de agradecimento para os presentes recebidos para o bebê.
- ☐ Comece a preparar refeições que você pode armazenar no freezer.

BEBÊ:

- ☐ Converse com sua parceira sobre o que vocês estão procurando em um pediatra. Reúna referências, pesquisas on-line e entreviste potenciais candidatos.
- ☐ Inscreva-se em aulas de cuidado infantil e de RCP para crianças.
- ☐ Pratique o que você aprendeu nas aulas com sua parceira. Isso ajudará a manter as técnicas frescas em ambas as suas mentes.

MÃE:

- ☐ Pratique o que você aprendeu nas aulas de parto e Lamaze.
- ☐ Estabeleça um plano de sono com a mãe para quando o bebê chegar e como você e sua parceira lidarão com alimentações noturnas e trocas de fraldas.
- ☐ Considere dar um push present para sua parceira.

CONSULTAS PRÉ-NATAIS:

- [ ] As consultas de checkup serão feitas a cada duas semanas a partir da Semana 28 e depois mudarão para uma vez por semana, começando da Semana 36 até o parto.
- [ ] A mãe será testada para o estreptococo do grupo B.

HOSPITAL:

- [ ] Finalize o plano de parto com sua parceira, sua doula (se você contratou uma) e o obstetra.
- [ ] Visite o hospital ou centro de parto.
- [ ] Tenha o plano de ação pronto para quando sua parceira entrar em trabalho de parto.

PARTE 4

O "QUARTO TRIMESTRE"

A última rodada de felicitações chegou: seja bem-vindo ao clube, pai! Muita gente não pensa no fato de que a mãe precisa de uns quarenta dias para se recuperar de todo o processo. Leva mais algumas semanas para ambos os pais e o bebê entrarem em uma rotina. Essa é uma das razões pelas quais pensamos que os três meses após o parto merecem sua própria designação como um trimestre.

Se estiver lendo isto, você sobreviveu à sua estadia no hospital e conseguiu, de alguma forma, ir para casa em sua viagem inaugural com a carga preciosa no banco de trás. Nunca esquecerei de minha primeira viagem do hospital até nosso apartamento. Eu estava na pista de rodagem correta, a meros sessenta quilômetros por hora, gritando com todos os outros maníacos nas pistas — eles não sabiam que eu estava transportando um recém-nascido?!

Ao chegar em casa, a maioria dos casais não faz muita coisa durante esta primeira ou segunda semana — apenas certifique-se de que todas as necessidades do bebê sejam atendidas. E se seus pais ou sogros não estiverem por perto para dar uma mãozinha, cabe ao papai tomar a iniciativa quanto às tarefas domésticas, bem como garantir que a mãe não faça *qualquer coisa* que ela não precise fazer... além de descansar e amamentar. Após algumas semanas, essas rotinas e horários se definirão e é importante definir isso antes de voltar ao trabalho.

Enquanto tudo isso está acontecendo, a parte mais importante deste "quarto trimestre" é passar um bom tempo com este lindo bebê que vocês geraram juntos. Passe um bom tempo olhando com tranquilidade nos olhos do bebê, segurando-o no colo próximo ao corpo e deixando ele ou ela conhecer sua voz, seu cheiro e sua risada. Antes que perceba, você terá sua própria maneira de se comunicar sem ao menos falar.

Papai
Top

CAPÍTULO DEZ

O décimo mês

A maioria dos pais já deu à luz até este momento e se isso ainda não aconteceu, não se preocupe: seu tempo está chegando. Para aqueles que conseguiram: você passou pelo parto (ou uma cesariana) e triunfou sobre a estadia em noites mal dormidas no hospital.

O próximo mês resume-se a fazer toda e qualquer coisa que puder ajudar a mãe a se recuperar, seja assumindo o controle das tarefas domésticas, cuidando dos animais, pagando as contas ou alimentando o bebê à noite. Este é um período para agir em conjunto com sua parceira e apoiar um ao outro para que ambos durmam o suficiente. Incentive a mãe a comer de forma saudável, especialmente se ela estiver amamentando. Mas, além disso, este é também um momento para formar laços com o pequenino...

BEBÊ DE UM MÊS

PESO MÉDIO

três quilos

COMPARAÇÃO DE PESO

saco de açúcar, um bloco

OBSERVAÇÕES

perda de peso normal na primeira semana, comunicação através de choros, tempos de alimentação mais longos e mais frequentes, o cordão umbilical secará e cairá, expressões faciais como sorrisos

SEMANA 43

Muito sono para o bebê, pouco para você

Finalmente, a espera terminou e seu belo filho está aqui agora. O bebê vai perder um pouco de peso durante esta primeira semana e você não deve se preocupar. Você vai começar a entender as necessidades de seu filho com base em choros. Eles significam uma dessas coisas: ou estão com fome, cansados, urinaram ou fizeram coco e precisam de uma mudança de fralda, ou apenas querem ser notados. O bebê terá preso nele um pequeno clipe plástico, usado para prender o cordão umbilical e você precisará ser cauteloso durante a troca de fraldas, pode ser um pouco doloroso para a bebê até o cordão umbilical secar e cair naturalmente nos próximos dias. Vou poupá-lo da história de como o cordão umbilical de nosso primeiro filho caiu e só nos demos conta quando vimos o cachorro cheirando e procurando algo freneticamente na quina do nosso sofá...

Se você tiver optado pela circuncisão do bebê, a incisão também estará sarando e você receberá instruções especiais sobre isso. Você provavelmente terá essa opção durante a recuperação ou (com base na preferência do seu obstetra/ginecologista) pode ser orientado a ir a um especialista independente nas primeiras semanas.

QUARTO TRIMESTRE	DÉCIMO MÊS	SEMANA 43

ATUALIZAÇÕES DO BEBÊ

- O bebê provavelmente perderá um pouco de peso, cerca de cinco por cento, esta semana. Não se preocupe, isso é normal.
- O bebê aprenderá a se agarrar ao peito da mãe para começar a se alimentar.
- O bebê expulsará mecônio, que é essencialmente um coco preto semelhante a um carvão. Não se preocupe, isso também é normal.
- O cordão umbilical começará a secar. Em uma ou duas semanas ele cairá e você, como um bom esquisito, poderá guardá-lo para o álbum do bebê.
- O bebê está a termo e continua a acumular gordura.

ATUALIZAÇÕES DA MÃE

- Os hormônios da mãe estão mudando durante o pós-parto.
- Os seios dela são preenchidos com leite e podem ficar sensíveis. Se estiver amamentando, os mamilos podem ficar doloridos ou rachados.
- Ela pode apresentar sangramento pós-parto, chamado "lóquio", que é semelhante a um período menstrual pesado.
- Cerca de oitenta por cento das mães apresenta depressão pós-parto – muitas oscilações de emoções podem ocorrer.

COMPROMISSOS INADIÁVEIS

- O bebê precisará de um check-up na primeira semana. Seu pediatra irá visitá-lo durante sua recuperação no hospital e fará uma rápida análise no bebê, além de dar instruções sobre quando haverá a primeira consulta de verdade.
- Se o bebê estiver tendo problemas para ser amamentado, você pode marcar uma consulta com um consultor em amamentação.

Eu sempre me encarreguei de (principalmente porque a mãe estava cansada e repousando, mas também porque eu queria) realizar a primeira troca de fraldas. É um grande momento para o pai e o bebê se conectarem e com uma enfermeira de prontidão, os pais podem ter uma boa ideia de como o processo deve ser feito. Confie em mim, arranje alguém para tirar uma foto, porque daqui a 18 anos, quando eles estiverem se formando no ensino médio e indo para a faculdade, essa é uma memória que você apreciará. Se você não tiver aprendido isso na aula de parto, muitos hospitais vão oferecer informações básicas sobre como enrolar o bebê (técnica do "charutinho") e trocar fraldas.

Sua estadia no hospital varia entre dois e quatro dias com base no tempo de recuperação após um parto natural ou cesariana. Eu prefiro nunca deixar minha esposa sozinha no quarto e nós preferimos nunca permitir que nossos bebês sumam de nossas vistas. Muitos hospitais tornaram os berçários seu método preferido de recuperação pós-parto. Mas em geral, essa é uma opção sua e você e sua parceira devem fazer o que acharem que é melhor para o bebê e para ambos. Assim que nossos familiares e amigos começaram a visitar diariamente o bebê no hospital, eu usava esse tempo para sair, comprar comida e resolver outras coisas. Mas todas as noites eu dormia com minha esposa na enfermaria enquanto a enfermeira a conferia regularmente e nos dava atualizações sobre o bebê. Eles ofereceram-se para manter o bebê no berçário por algumas horas, de modo que ambos pudéssemos dormir um pouco, e algumas vezes escolhemos essa opção ao mesmo tempo que davam banho no bebê ou faziam exame de sangue. Tomei banho lá e usei aquela mala da maternidade da qual tanto falamos nos últimos capítulos.

Os hormônios da mãe estão em mudança nesta primeira semana pós-parto. Da mesma forma, seu corpo está se recuperando do nascimento (ou cirurgia), ao mesmo tempo em que ela cuida de um recém-nascido. Os seios estão agora cheios de leite e sensíveis. Ela pode tentar fazer com que o bebê se alimente em seus seios. Normalmente, o hospital ou centro de parto tem um consultor de amamentação que ajudará a mãe no início. Esse processo pode ser física e emocionalmente desafiador se o bebê não for capaz de fazer a sucção. É importante encorajar a mãe a continuar tentando e a não jogar a toalha cedo. A amamentação é benéfica de muitas maneiras, não apenas para nutrir e unir a mãe à criança, mas também porque o leite materno produz anticorpos importantes que fortalecerão o sistema imunológico do bebê. Outro ponto: a mãe também estará passando por um forte sangramento (semelhante a um período menstrual) chamado "lóquio".

Você terá a visita de muitos parentes e amigos enquanto estiver no hospital. Todos os outros lhe darão um pouco de espaço e privacidade para vê-lo em casa quando tiver se restabelecido. É importante estar vigilante e assegurar-se de que todos os visitantes higienizem as mãos antes de segurar o bebê. Se a mãe amamentar, o pequeno já está desenvolvendo um sistema imunológico super-robusto ao beber o leite materno.

Metas familiares

CRECHE DO PAPAI: use suas habilidades com crianças. Depois que o bebê tiver sido alimentado, ele ou ela precisará ser trocado — é assim que funciona. Ofereça-se para trocar as fraldas, o que irá ajudar o bebê a se sentir seguro, confortável e pronto para tirar um cochilo. Se você não recebeu instruções de como trocar fraldas no hospital, existem muitas ilustrações e vídeos de como fazer isso on-line.

CRECHE DO PAPAI: seja o principal responsável pela casa enquanto a mãe e o bebê descansam. Faça seu melhor para eliminar qualquer coisa que sua parceira precisa fazer enquanto ela se recupera e forma laços com o bebê.

PAPAI DOULA: ajude a mãe a amamentar. Há algumas coisas que você pode fazer para ajudar a mãe a ter uma melhor experiência com isso se ela estiver tendo dificuldades. Se ela já se consultou com um especialista, então ela (e você, se foi com ela) já está instruída sobre técnicas, tipos de equipamentos para bombeamento e como armazenar o leite materno com segurança. Algumas das coisas com as quais você pode ajudar são: a baixa produção de leite (encoraje-a a amamentar sempre que o bebê estiver com fome), tempo excessivo com a chupeta (isso diminui o tempo de amamentação) e mamilos rachados ou irritados (compre bastante creme para eles!). Dica: folhas de repolho e compressas frias fazem maravilhas para seios inchados, mas há um efeito colateral — diminuição de leite — portanto, tenha cuidado com a frequência em que usa essa técnica.

PAPAI DOULA: dê prioridade ao sono acima de tudo. Dizer que você vai ficar privado de sono por poucas semanas é um eufemismo. Idealmente, a mãe (e o pai) deveria dormir quando o bebê dorme. Quando o pequeno desmonta após várias tentativas de ninar e embalar, pode ser tentador ligar a TV, verificar as mídias sociais, jogar uma partida de Candy Crush ou lavar os montes de pratos empilhados, mas resista ao impulso, especialmente se seu débito de sono for alto. Em relação à alimentação noturna, consulte o plano que vocês dois fizeram sobre quem vai dormir e quem vai alimentar o bebê e trocar as fraldas enquanto o outro descansa.

SEMANA 44

Crescimento

O bebê está agora se alimentando muito mais e com mais frequência. É mais do que provável que o bebê chegue perto de recuperar a pequena quantidade de peso perdida ao nascer. Também é comum para o bebê começar a seguir movimentos, então não se surpreenda se ele seguir você pela sala com os olhos!

Os seios da mãe estão grandes se ela estiver amamentando e ela ainda está muito privada de sono. Ela provavelmente está experimentando um pouco do que as pessoas chamam de "*baby blues*" (período de humor instável que se diferencia da depressão pós-parto), que é bastante normal conforme os hormônios começam a se igualar. Seu útero está encolhendo, embora esteja ainda ampliado em comparação a seu tamanho pré-gravidez. Se a mãe está amamentando, ela pode notar uma perda de peso mais rápida e sentir mais fome e sede, pois o corpo exige muita energia para alimentar um recém-nascido faminto. Minha esposa não se sentaria sequer para amamentar sem um copo d'água na sua frente. Vá em frente e pegue um fardo inteiro de garrafas d'água para facilitar a vida de sua parceira. Ela pode estar estressada sobre ser mãe ou sobre tentar retomar sua vida normal. Agora é a hora de comunicar-se abertamente sobre preocupações ou fatores de estresse e descobrir como vocês podem trabalhar juntos para diminuir esse impacto. A mãe precisa continuar com uma dieta nutritiva, pois ela é essencial para a dieta do bebê também. Tudo o que a mãe come ou bebe reflete diretamente no leite materno que o bebê toma.

QUARTO TRIMESTRE | DÉCIMO MÊS | SEMANA 44

ATUALIZAÇÕES DO BEBÊ

- O bebê começará a ganhar peso e poderá voltar ao peso de nascimento.
- O bebê sentirá muito mais fome nesta semana e os horários de alimentação serão mais longos e frequentes.
- O bebê está mais focado e seus movimentos são mais controlados.

ATUALIZAÇÕES DA MÃE

- Se estiver amamentando, os seios da mãe estarão grandes e seus mamilos sensíveis.
- A mãe está sem sono e sentindo baby blues à medida que os hormônios começam a se desenvolver.
- O útero dela está encolhendo, embora ainda esteja aumentado em relação ao tamanho pré-gravidez.
- Se ela estiver amamentando, sua perda de peso será mais óbvia.
- As mães que amamentam tendem a sentir fome e sede, pois seus corpos requerem muita energia para alimentar um recém-nascido esfomeado.

COMPROMISSOS INADIÁVEIS

- Se não houver complicações, não há necessidade para consultas.

Espero que você tenha sido capaz de tirar uma folga do trabalho (ou talvez você seja um pai que trabalha em casa) esta semana para passar algum tempo com a mãe e o bebê. Caso contrário, planeje fazer isso à noite para que a mãe possa descansar.

DISTÚRBIOS DE HUMOR PÓS-PARTO

Todos esperam que a mãe esteja alegre e exuberante durante os primeiros dias e semanas após o parto, mas nem sempre é o caso. Os hormônios da mãe estão começando a se equilibrar, o que é frequentemente chamado de *"baby blues"*. Em certo grau, isso é normal. Entretanto, é importante que o pai preste bem atenção e seja capaz de intervir se parecer que isso está se encaminhando para um distúrbio de humor pós-parto. Nota: o Postpartum Support International é uma grande fonte para qualquer coisa relacionada à gravidez e distúrbios de humor pós-parto. Eles até têm uma seção específica para pais e parceiros: http://www.postpartum.net/family/tips-for-postpartum-dads-and-partners/ (conteúdo em inglês).

Nesse sentido, é importante reconhecer que pais podem experimentar distúrbios de humor pós-parto também. Com as enormes mudanças que um bebê dá início em sua vida, assim como a falta de sono e os níveis de estresse, o pai também fica suscetível. Como a mãe também estará ocupada recuperando-se e criando laços com o bebê, peça a um membro da família ou amigo íntimo para olhar você durante o pós-parto. A seção de Recursos (página 272) apresenta alguns lugares que oferecem apoio.

Metas familiares

PLANO DIVERTIDO: seja um historiador. Registre o crescimento do bebê com fotos semanais (como se você não já estivesse fazendo isso). Minha esposa e eu compramos fichários para cada criança e escrevemos neles de vez em quando, conforme elas se desenvolvem.

DONO DE CASA: esteja preparado para os visitantes. Se esta for a sua primeira semana em casa, você deve se preparar para visitantes que queiram passar, deixar um presente, ver o bebê e lhe dar um grande abraço. Você deve manter em mente que qualquer pessoa que venha da rua precisa se lavar e desinfetar! Invista em álcool gel.

CRECHE DO PAPAI: brinque com o bebê. É muito fácil se ater somente ao básico (dormir, comer, defecar) mas não se esqueça de brincar. Este é um dos maiores momentos de união com o bebê. Cante, dance e tente conseguir uma reação deles com brinquedos que fazem som.

EMPATIA NO PÓS-PARTO: ajude a aliviar as dores de parto da mãe e a se recuperar. Como você testemunhou, o parto é doloroso e não termina quando o bebê nasce. A mãe provavelmente teve algumas avarias (e possivelmente pontos) durante o parto vaginal, e para as mulheres que fizeram cesarianas os pontos são novos e nem sequer estão perto de estar curados. Dê um apoio extra, preparando pacotes de gelo, buscando coisas quando necessário e simplesmente certificando-se de que ela não está exagerando nos esforços. Além disso, o encolhimento do útero, que acontece naturalmente ao longo do tempo, pode ser um processo desconfortável, especialmente se a mãe fez uma cesariana. Se ela apresentar dores, fale com seu obstetra/ginecologista sobre que medicamentos ela pode tomar. Mesmo que o bebê não esteja mais no útero, muitos medicamentos passam através do leite materno, então certifique-se de que tudo o que sua parceira toma, inclusive vitaminas e suplementos, seja primeiro aprovado pelo médico.

SEMANA 45

Conhecendo você

Seu bebê está ganhando entre 140 e 200 gramas por semana e está começando a usar seus olhos para se concentrar em formas. O bebê dorme entre 15 e 17 horas por dia, divididas entre as refeições. Seu sistema digestivo está em pleno funcionamento e você pode notar um excesso de gases e cuspes.

O útero da mãe ainda está encolhendo e ela pode estar perdendo peso. Ainda não há luz verde para exercícios físicos ou relações sexuais. Ela pode experimentar crises de incontinência, como se seus músculos tivessem enfraquecido durante o trabalho de parto e o nascimento. Os seios dela podem estar doloridos e seus mamilos rachados.

Esta é sua segunda semana em casa com o bebê e é um momento perfeito para começar a achar um horário para a família, especialmente se você tiver que voltar ao trabalho. Seguir uma rotina em casa ajudará tanto você quanto sua parceira a aliviar um pouco do estresse.

QUARTO TRIMESTRE | DÉCIMO MÊS | SEMANA 45

ATUALIZAÇÕES DO BEBÊ

- O bebê está ganhando cerca de 140 a 200 gramas por semana.
- O sistema digestivo está funcionando a pleno vapor.
- O cordão umbilical provavelmente estará seco o suficiente para cair.
- Os olhos do bebê estão agora concentrados em formas mais complexas.
- O bebê dorme, em média, de 15 a 17 horas por dia, mas não de uma só vez.

ATUALIZAÇÕES DA MÃE

- O útero está encolhendo e a mãe perdendo peso.
- Ainda não é seguro para a mãe fazer exercícios ou ter relações sexuais.
- Seus músculos abdominais ainda estão estirados, portanto ela ainda pode parecer um pouco grávida.
- Ela pode ter incontinência por causa dos músculos que se enfraqueceram com o trabalho de parto e o nascimento.
- Os seios dela permanecem doloridos e sensíveis.
- A mãe está cansada e não se sente cem por cento bem. Incentive-a a deitar-se após a alimentação e tente dar-lhe silêncio.

COMPROMISSOS INADIÁVEIS

- Ela pode fazer um check-up pós-cirúrgico nesta semana. Nota: se a mãe tiver feito uma episiotomia, seus pontos deverão se dissolver até o final desta semana.

Metas familiares

CRECHE DO PAPAI: leve o bebê ao ar livre. Entre as mamadas, ofereça-se para levar o bebê para um passeio no parque enquanto a mãe tira uma soneca muito necessária ou toma um banho. Desde que o tempo não esteja muito frio, é uma ótima oportunidade para sair por alguns minutos. Lembre-se: o bebê não precisa estar embrulhado para neve se faz quarenta graus lá fora. A regra geral é que um bebê deve estar vestido com uma camada a mais do que uma criança normal precisaria.

PONTO POSITIVO: leve a mãe para comprar sutiãs. Se a mãe estiver amamentando (a menos que não seja sua primeira criança), ela perceberá que não consegue mais colocar seus seios dentro dos sutiãs antigos. Então é hora de fazer um passeio em família! Experimentar sutiãs de amamentação é uma experiência maravilhosa, conectada à ideia de reunir a família em um provador para todos olharem fixamente para os seios da mãe. Todo mundo ganha.

SEMANA 46

Tummy Time

Dependendo de quando o bebê nasceu, ele terá a segunda consulta com o pediatra por volta de quatro semanas. Lembre-se de fazer perguntas e de questionar o médico se algo que ele disser não lhe parecer certo. É importante lembrar que a medicina é uma prática e cada pessoa e cada bebê são completamente diferentes. Você está entrando em um mundo em que vai perceber que, ao longo da vida do bebê, você vai ser o único defensor dos assuntos médicos relativos a essa criança: ninguém terá mais interesse na criança do que você e a mãe. Você conhece melhor seu filho e escutar seus instintos sobre os cuidados necessários é muito importante. Existem muitas teorias sobre horários de vacinação, dormir no quarto dos pais, amamentação ou alimentação com mamadeiras, "chorar alto" e muito mais. Pesquise por conta própria para estar preparado com perguntas-chave. E lembre-se: se você não acreditar que seu pediatra é a pessoa certa, encontre um novo! É muito simples e não deve ser estressante.

Conseguir um tapete de atividades para bebês é uma ótima ideia. Isso dará a seu filho um pouco de tempo para ficar de bruços, fortalecer os músculos do pescoço e praticar kung fu ao agarrar em brinquedos. Você pode até mesmo ver seu bebê rir ou imitar expressões faciais enquanto tenta se concentrar em seu rosto.

QUARTO TRIMESTRE | DÉCIMO MÊS | SEMANA 46

ATUALIZAÇÕES DO BEBÊ

- O bebê está pronto para o tummy time, que significa repousar na barriga da mãe ou do pai para fortalecer os músculos do pescoço.
- O bebê pode imitar gestos faciais e se concentrará em seu rosto.
- O bebê está começando a entender.
- O bebê também pode rir nesta semana.

ATUALIZAÇÕES DA MÃE

- Os hormônios da mãe estão voltando ao normal.
- Seus seios continuam sensíveis.
- O útero dela continua a encolher, o que pode causar ocasionais sangramentos.
- A mãe pode sentir que está pegando o jeito das coisas agora, o que pode elevar seu ânimo e deixá-la livre de baby blues. Se ele não dissipar, você precisa continuar a perguntar gentilmente sobre como ela está se sentindo.
- Seu apetite está voltando ao normal.
- A mãe pode se sentir consciente de si mesma enquanto tenta perder o peso acumulado da gravidez.
- Exercícios leves para esta semana são ótimos (como caminhar), a menos que ela tenha feito uma cesariana ou seu médico tenha pedido a ela para esperar até seu primeiro exame pós-parto.

COMPROMISSOS INADIÁVEIS

- Chegou a hora da primeira consulta mensal com o pediatra.

Os hormônios da mãe estão lentamente voltando ao normal. Caso contrário, você terá que prestar muita atenção se as emoções estão comprometidas. Seus seios ainda estão muito sensíveis, e como o útero continua a encolher, a mãe pode ter sangramentos. A incontinência urinária ainda está lá e a mãe deve estar se ajustando quanto à privação do sono. Como um lembrete, os exercícios de Kegel podem ajudar a reconstruir os músculos enfraquecidos durante o trabalho de parto e nascimento. Infelizmente, isso é algo em que você não pode realmente ajudá-la. A mãe deve se consultar com o médico (especialmente se ela realizou uma cesárea), mas ela pode ter permissão para fazer exercícios leves.

PERGUNTAS A FAZER DURANTE O CHECKUP DE QUATRO SEMANAS

- Meu bebê pesa o suficiente?
- Há alguma mudança na pele a se preocupar?
- Qual é o cronograma de vacinação? E se eu quiser fazer uma de cada vez ou ajustar o cronograma?
- O bebê está comendo o suficiente?
- O bebê está dormindo o suficiente?

Metas familiares

HORA DA UNIÃO: dê uma volta. A menos que a mãe tenha feito uma cesariana, ela pode ser liberada para voltar a fazer exercícios leves e pode ser uma ótima ideia sair juntos para dar uma caminhada familiar de trinta a sessenta minutos no final do dia. Isso unirá vocês e ajudará a retomar alguma normalidade.

CRECHE DO PAPAI: aqueça as toalhas. Considere aquecer toalhas de banho na secadora para depois que o bebê sair do banho — que sensação reconfortante!

MELHOR PAI
DESSA
CASA

CAPÍTULO ONZE

O décimo primeiro mês

Provavelmente, você começou a estabelecer uma rotina e voltou ao trabalho de alguma forma. Mamãe enfim está começando a se sentir ela mesma de novo e essa rotina com certeza ajudou nisso. O bebê está se alimentando mais e crescendo feito capim. Se você consegue dormir enquanto eles dormem, então vocês dois estão bem. Você teve pelo menos uma, se não duas consultas com o pediatra. E você percebeu que o bebê está começando a se comunicar. Claro, ele ainda está apenas chorando e imitando gestos faciais, mas certamente isso vai surpreender você.

BEBÊ DE DOIS MESES

PESO MÉDIO

4,5 quilos

COMPARAÇÃO DE PESO

gato caseiro, peru de Natal

OBSERVAÇÕES

menos cólicas, dorme de seis a sete horas por vez, o apetite continua a aumentar, associa imagens e sons, primeiro grande surto de crescimento, iniciante em *tummy time*

SEMANA 47

Olá, sorridente

Esta pode ser a semana em que você verá seu bebê sorrindo. O bebê está respondendo às sugestões sociais e essa reação é genuína. O sono e as rotinas de alimentação podem mudar um pouco nesta semana. O bebê pode dormir mais tempo durante a noite e ficar acordado por longos períodos durante o dia.

Seu pequeno está crescendo semanalmente, ganhando quase um centímetro por semana e cerca de 140 a duzentos gramas. Ele come a cada duas horas, de oito a dez vezes ao dia, de sessenta a 150 gramas por refeição.

A mãe está quase voltando ao seu estado físico anterior. Seu útero está quase de volta à condição pré-gravidez, e se ela tem feito exercícios de Kegel, a incontinência deve estar diminuindo. Seus seios provavelmente começaram a normalizar e as rachaduras nos mamilos devem começar a sarar. A mãe deve considerar dormir quando o bebê dorme, se possível. Eu sei, é tentador querer usar esse tempo para fazer coisas pela casa, colocar as contas em dia ou o que quer que seja, mas é importante lembrá-la de que ela deve descansar quando puder.

QUARTO TRIMESTRE | DÉCIMO PRIMEIRO MÊS | SEMANA 47

ATUALIZAÇÕES DO BEBÊ

- Os sorrisos do bebê podem não significar gases, mas sim que eles estão respondendo a estímulos sociais.
- O bebê reconhece e aprecia o som da música.
- O bebê está crescendo como capim, cerca de 2,5 centímetros por semana.
- O bebê está comendo aproximadamente a cada duas horas, de oito a dez vezes por dia.
- Cada refeição tem de sessenta a 150 gramas.

ATUALIZAÇÕES DA MÃE

- A mãe está lentamente retornando à sua condição física normal.
- Praticar os exercícios de Kegel pode ajudá-la a ganhar mais controle de qualquer incontinência persistente.
- Os seios dela começaram a se adaptar à amamentação, por isso, as rachaduras devem ser um problema menor agora.
- Exercícios podem diminuir parte do estresse.
- Para muitas mães, esta pode ser a última semana em casa.

COMPROMISSOS INADIÁVEIS

- Não há consultas, a menos que haja complicações.

Metas familiares

HORA DA UNIÃO: assegure-se de que o vínculo entre a mãe e o bebê seja forte. A mãe deve gastar o máximo de tempo possível com o bebê antes de voltar ao trabalho. Certifique-se de que ela está passando a maior parte de seu tempo amamentando e se conectando com o bebê.

DONO DE CASA: contrate uma babá ou procure uma creche. Passe tempo com a babá (ou cuidadora de crianças) e alinhe o horário de alimentação e de sono. Se você tiver sorte, você pode ter avós por perto capazes de ajudar!

SEMANA 48

Apresentando a mamadeira

Se seu bebê estiver sendo amamentado e a mãe estiver planejando voltar ao trabalho, esta é uma ótima semana para apresentar o bebê à mamadeira. A mãe pode continuar a bombear o leite materno ou você pode fazer a transição. Algumas mães bombeiam ou amamentam por um ano ou mais e outras acham isso muito demorado ou doloroso, fica a critério de cada uma. Você pode tentar alimentar o bebê, o que é uma ótima forma de criar uma conexão e também dá uma pausa à mãe. Se o bebê não receber o novo "mamilo" de braços abertos, ajude deixando apenas o bico da mamadeira tocar os lábios do bebê, permitindo que as gotas de leite pinguem. Isso deve ajudar.

Os padrões de sono e alimentação do bebê estão se dissipando e neste ponto você deve ser um profissional na troca de fraldas.

A mãe está quase de volta à normalidade física, e se esta for a sexta semana pós-parto, ela receberá permissão para retomar as atividades sexuais, a não ser que o cansaço e outras questões estejam minando esses impulsos. Ela precisa de seu apoio contínuo, emocional e físico, uma vez que ela pode se tornar hiperfocada em sua aparência neste período, dado que ela pode estar voltando ao trabalho ou que o sexo está em jogo novamente.

QUARTO TRIMESTRE | DÉCIMO PRIMEIRO MÊS | SEMANA 48

ATUALIZAÇÕES DO BEBÊ

- O bebê está bebendo mais na hora da amamentação e, possivelmente, demorando um pouco mais entre as refeições.
- O bebê está mantendo o ritmo da semana anterior, comendo até dez vezes ao dia, de sessenta a 150 gramas de cada vez. Seu bebê está crescendo quase uns 2,5 centímetros por semana.

ATUALIZAÇÕES DA MÃE

- O útero da mãe voltou ao normal.
- A mãe está perdendo peso, especialmente se estiver amamentando.
- Se a mãe continuar a amamentar, seu apetite pode aumentar.
- A mãe pode estar novamente pronta para o sexo. Ela pode estar hiperfocada sobre sua aparência nesta semana, ainda mais se o sexo estiver em jogo de novo.
- Ela ainda pode ter um peso extra, especialmente em torno da área da barriga.

COMPROMISSOS INADIÁVEIS

- Este é o momento para o check-up pós-parto de seis semanas para a mãe. Se você for com a mãe para a consulta, faça algumas perguntas sobre como você pode ajudá-la a continuar se recuperando. Além disso, faça quaisquer perguntas relacionadas a preocupações específicas sobre o humor e o estado emocional da mãe.
- A mãe pode voltar ao trabalho.

SEMANA 49

Menos acessos de choro

Há grandes novidades nesta semana. A menos que o bebê tenha cólicas, você pode notar que o número de choros diminuiu. A cólica é uma condição marcada por episódios recorrentes de choro prolongado e incontrolável por até três horas ou mais por causas desconhecidas em uma criança saudável. Não se preocupe: se seu bebê tiver cólicas, ele geralmente vai se acalmar após três ou quatro meses. Normalmente, um bebê deve dormir de seis a sete horas por noite neste momento, o que significa mais sono para a mamãe e o papai. Criar uma rotina de alimentação noturna ajudará a garantir que essas seis a sete horas aconteçam.

O bebê ainda está crescendo cerca de 2,5 centímetros e duzentos gramas por semana e consumindo de sessenta a 150 gramas de leite a cada três ou quatro horas. As informações sensoriais estão no topo da lista de realizações desta semana, pois o bebê está associando imagens e sons e focalizando diferentes objetos com os olhos.

A mãe deve basicamente voltar ao normal e esta semana é uma boa oportunidade para ajudá-la a retomar regularmente exercícios, incluindo treino de força e exercício cardiovascular como caminhar, correr ou o que ela gostava de fazer antes da gravidez.

QUARTO TRIMESTRE | DÉCIMO PRIMEIRO MÊS | SEMANA 49

ATUALIZAÇÕES DO BEBÊ

- Se o bebê não tiver cólicas (um em cada cinco tem), ele terá menos acessos de choro.
- O bebê está dormindo de seis a sete horas por noite.
- O bebê começa a associar imagens com sons e os olhos também estão se concentrando nos objetos.
- O crescimento continua a ser de 2,5 centímetros e de duzentos gramas por semana.
- O bebê está consumindo cerca de 150 gramas de leite a cada três ou quatro horas.

ATUALIZAÇÕES DA MÃE

- Os hormônios estão mudando e a mãe pode começar a produzir menos leite.
- Os pés da mãe podem nunca mais voltar ao tamanho da pré-gravidez!
- O cabelo da mãe pode estar caindo, mas isto vai normalizar.

ADERINDO A UMA ROTINA

Criar uma rotina sólida é tão fácil quanto se ater a uma linha temporal. Você e sua parceira devem fazer um esforço para comer aproximadamente o mesmo todas as noites e alimentar o bebê mais ou menos na mesma hora a cada noite. “Encher o tanque” é uma frase que se refere a uma alimentação pesada antes de deitar o bebê à noite, isso geralmente garante um longo período de sono logo de cara. Uma rotina também pode incluir música, sons do oceano ou ruído branco. Não fique acordado até muito tarde depois que o bebê for para a cama, caso contrário você não dormirá o suficiente.

Metas familiares

HORA DA UNIÃO: reserve um tempo especial para a mamãe e o bebê. Se a mãe tiver voltado para o trabalho, verifique se ela está reservando um tempo para o bebê para não perder seus marcos de crescimento e desenvolvimento.

CRECHE DO PAPAI: passe um tempo alimentando o bebê. Este é um ótimo momento para o pai praticar a preparação e o aquecimento da mamadeira. Domine as técnicas! Você também pode ajudar a mãe a guardar e a etiquetar o leite materno com as datas. Algumas garrafas irão para a geladeira e o restante provavelmente ficará no congelador para aumentar o seu excedente.

SEMANA 50

Já se passaram dois meses?

Dois meses já se passaram e o bebê está agora seguindo as rotinas que você estabeleceu, o que está tornando a vida muito mais fácil de administrar do que era há algumas semanas. É provável que o bebê esteja sendo alimentado cerca de seis vezes a cada período de 24 horas, elevando a quantidade consumida a cada dia e semana que passa.

São esperados surtos de crescimento, portanto, não se surpreenda se seu bebê, de repente, estiver chorando por mais comida após acabar de ser alimentado. Quanto aos marcos de desenvolvimento, é fácil para os pais compararem uma criança com outra ou concentrarem-se nos parâmetros listados em diferentes publicações, mas é sábio não fazer isso. Deixe que seu médico lhe diga se há algo para realmente se preocupar, mas lembre-se de que há uma ampla gama do que é "saudável" para os bebês.

A mãe deve voltar à normalidade física (a menos que ela ainda esteja amamentando), já que a maioria dos sistemas se encaixou de novo no lugar, o que inclui seu período. Isso significa que ela está ovulando, portanto, cuidado ao restabelecer a rotina normal de sexo e intimidade. A menos que você queira ter outro filho muito em breve, seja cuidadoso e tenha o seu controle de natalidade no lugar.

QUARTO TRIMESTRE | DÉCIMO PRIMEIRO MÊS | SEMANA 50

ATUALIZAÇÕES DO BEBÊ

- Aprendendo a seguir rotinas, sua nova criatura está se tornando uma criatura de hábitos.
- O bebê provavelmente se alimenta cerca de seis vezes em 24 horas, consumindo cada vez mais em cada refeição.
- Esta é uma semana comum para um surto de crescimento.
- O bebê está ficando mais forte e dormindo por trechos mais longos à noite.

ATUALIZAÇÕES DA MÃE

- A maioria de seus sistemas está de volta ao normal, a menos que ela esteja amamentando.
- Se a mãe não estiver amamentando, seu período menstrual pode retornar, o que significa que ela também está ovulando. O que significa que ela pode ficar grávida novamente. O que significa: tenha cuidado.
- O corpo dela está se adaptando às mudanças hormonais pós-parto e pode parecer mais equilibrado.
- A mãe pode ficar experiente muito rápido. No entanto, cada mãe tem seu próprio ritmo e para algumas pode demorar um pouco mais do que para outras para encontrá-lo.

COMPROMISSOS INADIÁVEIS

- A consulta de dois meses para o bebê acontece agora. A maioria dos pediatras vai querer começar as imunizações.

PERGUNTAS A FAZER AO PEDIATRA DURANTE A CONSULTA DE DOIS MESES:

- Que marcos de desenvolvimento devemos esperar de nosso bebê?
- O bebê deveria estar nos seguindo com os olhos?
- Existem benefícios ou perigos em distribuir as imunizações em vez de seguir o cronograma sugerido?
- Quanto *tummy time* é suficiente?

Metas familiares

GATILHO DE CONVERSA: fale sobre controle de natalidade. Com a ovulação voltando e o sexo em jogo, é sábio conversar sobre o que você está pensando.

GATILHO DE CONVERSA: fale sobre como você quer imunizar seu filho. Você e sua parceira podem querer rever o cronograma de imunização recomendado pelo pediatra e fazer sua própria pesquisa, inclusive olhando para os efeitos colaterais. Minha esposa e eu escolhemos um cronograma alternativo, optando por nunca fazer mais do que uma vacinação por vez e distribuí-las em um período mais longo. A maioria dos pediatras hoje em dia são abertos a discutir isso.

O MAIOR
PAI
DE TODOS
OS TEMPOS

CAPÍTULO DOZE

O décimo segundo mês

Estas são as últimas quatro semanas do quarto trimestre. Você e sua parceira podem até se sentir como profissionais experientes nesta fase do jogo. Vocês dois superaram os desafios físicos e emocionalmente exigentes da gravidez e apoiaram um ao outro desde o início. A mãe deve estar se sentindo quase normal de novo e continuando a amamentar o bebê se tiver escolhido fazer isso. Você se tornou um experiente trocador de fraldas e aquecedor de mamadeiras e o bebê adora ser abraçado pelo papai quando é a vez de ele dar a mamadeira. Aproveite essas primeiras semanas e meses preciosos de ter um recém-nascido — parece clichê, mas eles crescem muito rápido. Estes são momentos com seu filho ou filha que você nunca mais terá.

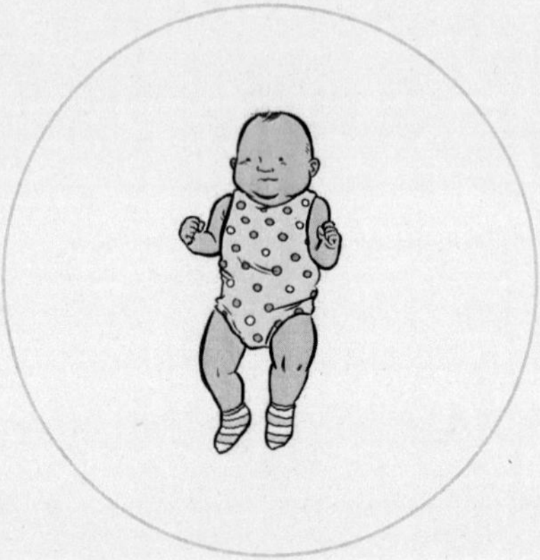

BEBÊ DE TRÊS MESES

PESO MÉDIO

6,8 quilos

COMPARAÇÃO DE PESO

TV de tela plana de 19 polegadas,
saco médio de ração para cães

OBSERVAÇÕES

o bebê está dormindo durante a noite (se você tiver sorte), se acalma, move-se de um lado para o outro durante o *tummy time*, chupa os polegares, murmura, sorri e ri

SEMANA 51

Pais experientes

Ao entrar no terceiro mês de paternidade, você provavelmente se sente tal como um pai profissional e experiente. É mais do que provável que a mamãe esteja voltando à sua aparência física normal e vocês dois estão dormindo de forma razoável. Nem todos estarão assim, então não se preocupe! Bebês com cerca de nove semanas também são divertidos! Eles são animados e interativos enquanto sorriem, gorgolejam e riem.

Felizmente, o bebê está dormindo durante a noite e é capaz de se acalmar sozinho se acordar no meio da madrugada. Esse calmante pode vir na forma de música ou chupeta, ou você pode ter um chupador de dedo! Você também pode querer ficar de olho no bebê durante o *tummy time*. Pode ser um pouco cedo para seu bebê rolar, mas ele certamente pode ir de um lado para o outro.

Mamãe deve estar se sentindo muito melhor atualmente. Ela deve estar dormindo melhor e seu "cérebro de grávida" deve ter sido substituído por uma preocupação focada no bebê (o que pode realmente se aplicar a vocês dois), uma tendência a se distrair de vez em quando por todas as necessidades do bebê.

QUARTO TRIMESTRE | DÉCIMO SEGUNDO MÊS | SEMANA 51

ATUALIZAÇÕES DO BEBÊ

- O bebê pode estar dormindo durante a noite, embora ocorram recaídas.
- O bebê é quase capaz de se acalmar com uma chupeta ou seu polegar.
- Se o bebê acordar, deixá-lo chorar por alguns minutos pode ser tudo o que ele precisa para voltar a dormir.
- Uma vez que o bebê se move como uma pequena minhoca durante o tummy time, pode ser necessária mais atenção.

ATUALIZAÇÕES DA MÃE

- A mãe pode continuar a amamentar porque é benéfico para o controle de peso e mantém a menstruação sob controle.
- O "cérebro de grávida" foi substituído pela preocupação com foco no bebê, o que significa que ela parece distraída por todas as necessidades do bebê.

MEDICAMENTOS SEM PRESCRIÇÃO E AMAMENTAÇÃO

A mãe deve ficar longe de medicamentos sem prescrição se estiver amamentando. Geralmente, apenas um por cento de qualquer medicamento que a mãe toma acaba no leite materno. No entanto, os médicos geralmente erram por excesso de cautela, portanto, consulte seu médico. Tudo o que a mamãe tomou durante a gravidez provavelmente pode ser tomado agora. Como regra geral, o medicamento deve ser tomado apenas quando for de fato necessário.

Metas familiares

HORA DA UNIÃO: marque um encontro à noite. Se o bebê estiver aceitando a mamadeira, ele pode estar pronto para ficar algumas horas com a vovó ou outro cuidador de sua confiança. Se tudo estiver indo bem, este pode ser um bom momento para você e sua parceira marcarem uma noite juntos para se reconectarem. Escolha um lugar perto para o caso de precisarem voltar para casa apressadamente por conta do bebê.

CRECHE DO PAPAI: foco no *tummy time*. Apenas algumas vezes no colchonete todos os dias e logo o bebê poderá manter a cabeça erguida e ganhar uma perspectiva totalmente nova do mundo!

SEMANA 52

Dígitos duplos

Seu bebê tem dez semanas de vida e espero que esteja com suas rotinas sob controle. As sonecas duram cerca de uma hora mais ou menos e o bebê pode ter de duas a três por dia. Ele está comendo de 114 a 170 gramas a cada três ou quatro horas, embora a frequência ou quantidades possam ser maiores quando eles têm um surto de crescimento. O bebê também dorme entre 15 e 17 horas por dia, sendo a maior parte delas de oito a dez horas por noite.

A mãe vai muito bem e suas mudanças físicas esta semana serão atribuídas principalmente ao sono, dieta e exercícios ou à amamentação, se ela estiver fazendo isso. Espero que a mãe esteja melhor agora. No entanto, ela ainda pode sentir-se culpada se sentir que não está aproveitando cada momento da vida do bebê. Tranquilize-a e motive-a quando precisar. É fácil para qualquer mãe se sentir frustrada ou sobrecarregada de tempos em tempos.

Metas familiares

CRECHE DO PAPAI: tente fazer o bebê rolar. Se o bebê dominou o *tummy time*, ele pode estar pronto para começar a rolar. Quando você estiver brincando no chão com a criança, ajude-o a se acostumar aos movimentos e sensações rolando-o de costas, gentilmente, é claro.

QUARTO TRIMESTRE | DÉCIMO SEGUNDO MÊS | SEMANA 52

ATUALIZAÇÕES DO BEBÊ

- O bebê está se adaptando a uma espécie de rotina: acordar, comer, brincar, dormir e repetir isso até a hora de dormir novamente.
- O bebê continua a ganhar peso.
- O bebê está comendo de 114 a 170 gramas a cada três ou quatro horas e mais durante os surtos de crescimento.
- O bebê está dormindo entre 15 e 17 horas por dia, sendo a maior parte delas de oito a dez horas todas as noites.

ATUALIZAÇÕES DA MÃE

- As mudanças físicas da mãe nesta semana têm a ver com o sono, dieta e exercício, assim como com a amamentação.
- Ela está evoluindo como mãe, mas pode sentir-se culpada se não estiver aproveitando cada momento da vida do bebê.
- A mãe deve tirar um tempo para ela mesma para evitar sentir-se sobrecarregada.

PONTO POSITIVO: insista para que a mãe saia. Incentive ou mesmo insista para que a mãe saia de casa um pouco com suas amigas. Você terá algum tempo a sós com seu filho e sua parceira aproveitará alguns dos momentos que ela perdeu ao longo dos nove meses.

SEMANA 53

Preferências

Com os horários de alimentação e de sono definidos, o bebê ainda está ganhando quase duzentos gramas por semana e pode já estar grande para algumas de suas roupas. A personalidade do bebê está sempre mudando e você se familiarizará com a forma como ele se comunica com murmúrios, sorrisos, gargalhadas e risadas.

Fique em alerta máximo nestes dias, pois este é o momento da exploração oral. Seu bebê pode tentar roer ou mastigar qualquer coisa que estiver à sua vista.

Espero que a mãe esteja de bom humor, continuando a se exercitar, dormindo bem e de olho em sua dieta. Ela também pode ainda perder cabelos que não caíram durante a gravidez. Não se assuste se o ralo do chuveiro estiver mais entupido do que o normal nos próximos meses.

DONO DE CASA: observe os perigos de asfixia. Com a idade da exploração oral vem a necessidade de estar atento aos riscos de asfixia aos quais o bebê pode ter. Este é apenas um pequeno passo para testar a segurança para o bebê na casa inteira se você ainda não o fez!

QUARTO TRIMESTRE | DÉCIMO SEGUNDO MÊS | SEMANA 53

ATUALIZAÇÕES DO BEBÊ

- O bebê pode indicar as preferências dele para você.
- O bebê está familiarizado com sua personalidade.
- O bebê está murmurando, sorrindo, rindo de certas coisas e curtindo elas.
- O bebê pode ficar grande para suas roupas.
- O horário de sono e alimentação do bebê está claramente definido agora.
- Tenha atenção a tudo que o bebê coloca na boca.

ATUALIZAÇÕES DA MÃE

- Se o bebê estiver perto dos três meses, a mãe pode começar a perceber a rapidez com que o tempo está passando e sentir uma onda de nostalgia ou desejo de desacelerar as coisas.
- A mãe pode querer comprar roupas para ela mesma (por ela voltar a seu peso normal) ou para o bebê (que está crescendo!). Ela também pode querer outra engenhoca legal: um sutiã de bombeamento com mãos livres.

DONO DE CASA: pense no que fazer com as roupas velhas. Seu bebê crescerá rapidamente e vocês devem discutir se vão doar as roupas conforme a criança cresce ou guardar as peças para a próxima criança que chegar (como nós fizemos).

SEMANA 54

Os três primeiros meses

Há apenas três meses, você e sua parceira achavam que o bebê nunca viria. Mas aqui está você, seguindo com essa bela adição à sua família. O bebê ainda está comendo de 140 a duzentos gramas a cada refeição e pode comer de quatro a cinco vezes ao dia. Daqui em diante, o bebê ganhará cerca de novecentos gramas por mês até os sete anos de idade e atingirá marcos rapidamente.

A mãe pode estar voltando ao trabalho nesta semana após estar de licença. Com o retorno, podem vir conflitos pessoais, preocupações com o cuidado da criança ou apenas ansiedade por conta da separação. Todos esses sentimentos são normais. Espero que a mãe também esteja ganhando confiança e desfrutando de seu novo papel.

Metas familiares

GATILHO DE CONVERSA: discuta quais alimentos sólidos devem ser dados ao bebê. Você e sua parceira podem querer conversar com o pediatra sobre a introdução de alimentos sólidos quando o bebê tiver de quatro a seis meses de idade. Além disso, você pode discutir alergias a alimentos e o que você pode fazer para se prevenir.

QUARTO TRIMESTRE | DÉCIMO SEGUNDO MÊS | SEMANA 54

ATUALIZAÇÕES DO BEBÊ

- O bebê ganhará cerca de novecentos gramas por mês até cerca de sete meses de idade.
- O bebê está comendo cerca de 140 a duzentos gramas a cada refeição.
- O bebê dorme cerca de 15 a 16 horas por dia e suas horas de sono estão se tornando parte de uma rotina.

ATUALIZAÇÕES DA MÃE

- A mãe pode estar sentindo conflitos sobre a separação se ela não tiver voltado ao trabalho ainda.
- A mãe terá de decidir se ela vai bombear ou fazer a transição do bebê para a mamadeira. Se a mãe vai continuar a amamentar, considere por quanto tempo.

COMPROMISSOS INADIÁVEIS

- O próximo check-up e as próximas imunizações do bebê estão marcados para o quarto mês após o nascimento.

PLANO DIVERTIDO: continue a ser o historiador. O bebê está rolando, rastejando, engatinhando e andando e esses marcos são coisas emocionantes para se rever e lembrar no futuro.

DONO DE CASA: prepare a casa para um bebê que se movimenta e tem muita energia! Pesquise e ponha a mão na massa — isso lhe poupará muito estresse pela frente. Cuide de coisas como protetor de canto para mesas, tampas para tomadas elétricas, fechaduras para tampas dos vasos sanitários, fechaduras nos armários que contêm produtos de limpeza e outros objetos que representam perigo a um bebê que rasteja, rola e eventualmente anda.

CHECKLIST DO PRIMEIRO TRIMESTRE

LAR:

- ☐ Esteja preparado para os visitantes especialmente durante as primeiras semanas em casa. Certifique-se de que todos lavem e desinfetem suas mãos!
- ☐ Procure contratar uma babá ou matricular seu filho em uma creche. Faça seu dever de casa: alinhe os horários das refeições e de dormir. Se você tiver sorte o suficiente, conte com a ajuda dos avós.
- ☐ Trace um plano para as roupas velhas de bebê.
- ☐ Prepare a casa para um bebê que se move e tem muita energia.

BEBÊ:

- ☐ Agora é a hora de usar suas habilidades de cuidado infantil. Seja fera em trocar fraldas e praticar a técnica de "charutinho".
- ☐ Não se esqueça de brincar com seu lindo bebê!
- ☐ Leve o bebê para o ar livre entre as mamadas.
- ☐ Passe tempo alimentando o bebê e organizando e etiquetando o leite materno.
- ☐ Tenha foco no tummy time.
- ☐ Seja o historiador: não deixe de registrar tudo que o bebê está fazendo com fotos, vídeos e anotações.

MÃE:

- ☐ Ajude a mãe a amamentar, educando-se sobre técnicas de lactação, tipos de equipamentos para bombeamento e como armazenar o leite materno com segurança.
- ☐ Dê um apoio extra à mãe enquanto ela se recupera das dores do parto e observe os sinais de transtornos de humor pós-parto.
- ☐ Se sua parceira está voltando ao trabalho, certifique-se de que ela está passando tempo com o bebê para que ela não perca seus marcos de crescimento e desenvolvimento.
- ☐ Assim que o bebê estiver aceitando a mamadeira, procure marcar um encontro com sua parceira.

CONSULTAS MÉDICAS:

- ☐ Check-up pós-parto de seis semanas para a mãe.
- ☐ Para o bebê:
    - ☐ Três a cinco dias após o nascimento
    - ☐ Check-up de um mês
    - ☐ Check-up de dois meses

Conclusão

É aqui que eu deixo você, pelo menos por enquanto. Fizemos um passeio extraordinário juntos. Espero ter dado a você um relato decente de cada semana de um ano de gravidez, com algumas histórias divertidas ao longo desse caminho. Se você decidir ter mais filhos, talvez minhas checklists trimestrais sirvam de base para que você possa fazer suas próprias anotações ao longo do caminho. A jornada de cada pai é diferente e é isso que a torna bela.

Ao me despedir, não posso deixar de voltar àquele ditado que minha esposa disse ter ouvido: "As mulheres se tornam mães no momento em que descobrem que estão grávidas, e os homens se tornam pais quando veem seus bebês pela primeira vez, mas há nove meses no meio". Acredito muito que os homens possam se sentir como pais antes que eles ponham os olhos em seus bebês. Este livro foi escrito para nos capacitar a sermos melhores parceiros e melhores versões de nós mesmos. Participe da gravidez da sua parceira antes mesmo do primeiro dia. E quando chegar o momento seja o melhor pai que você pode ser.

Agradecimentos

Sem minha esposa, Jen, e nossos três filhos, Ava, Charlie e Mason (além da garotinha que está a caminho), eu não estaria em posição de até mesmo começar a escrever um livro como este. Meu amor e gratidão se estendem a todos eles, que tornam cada dia uma aventura, cheia de risos e amor.

Aos meus pais, Bruce e Joan, que criaram três meninos e me ajudaram a me tornar o homem e pai que sou hoje, sou eternamente grato.

Aos meus irmãos, Eric e Travis, que um dia poderão decidir constituir suas próprias famílias, vocês podem se beneficiar dessas reflexões e eu desejo a vocês apenas o melhor.

Ao restante da família Kulp, Bob e Elaine Mayer e às famílias Mayer, Hellwig e Trost: obrigado por estarem sempre presentes com um coração quente e um apoio interminável.

Glossário

Altura uterina: medida utilizada para determinar a posição do topo do útero da mãe durante a gravidez.

Aninhamento: a motivação instintiva da mãe para organizar a casa antes da chegada do bebê. Aninhar pode muito bem fazer você limpar a garagem, subir em espaços apertados para pegar caixas e, por fim, acumular um estoque de mercadorias que ocupam um bom espaço na garagem.

Apagamento: quando o colo uterino da mãe afina durante o trabalho de parto, permitindo que ele se estique para que o bebê possa passar.

Aréola: uma palavra divertida para dizer publicamente quando você está procurando fazer aqueles ao seu redor corarem ou sentirem-se constrangidos. Se o mamilo é o ponto central de um seio, a aréola é o círculo que fica ao redor dele. Normalmente, a aréola tem tonalidade rosada ou marrom e escurece durante toda a gravidez, tornando mais fácil para o bebê conseguir enxergar e se amamentar.

Bebê pélvico: normalmente o feto se move em direção ao

canal de parto durante o terceiro trimestre, mas isso nem sempre acontece. Um bebê pélvico é aquele que está posicionado com seus pés ou nádegas voltados para baixo. Uma cesariana é geralmente necessária para o nascimento.

Braxton Hicks: apesar de parecer como o nome de um vocalista de uma banda pop dos anos 1980 ou 1990, o único show em andamento é no útero da mãe. Braxton Hicks são contrações que começam no segundo trimestre, mas também podem ocorrer quando a mãe está com excesso de cansaço ou após a relação sexual. Elas também são conhecidas como "contrações de prática".

Cérebro de grávida: súbito início do esquecimento crescente e especificamente a incapacidade de lembrar onde tudo está a qualquer momento.

Cesárea: método de parto cirúrgico que requer que os médicos façam uma incisão na parte inferior do abdômen e do útero. Os métodos e tempo de recuperação diferem do parto natural.

Charutinho: uma técnica de enrolar bem um bebê em uma

musselina ou outro pano de modo a proporcionar a sensação de calor e segurança.

Choque na virilha: soa como uma gíria universitária para sexo oral, mas não é esse o caso aqui. Esse termo se refere à dor repentina que ocorre na pélvis, reto ou vulva da mãe, causada por movimento do bebê dentro do útero.

Ciática: uma condição na qual é mais provável que o bebê esteja sentado no nervo ciático da mãe, causando uma dor aguda das costas até as pernas.

Cólicas: podem ser percebidas quando uma criança tem um excesso de choro e irritabilidade. Geralmente, para que um bebê seja diagnosticado com cólicas, ele deve chorar por mais de três horas por dia, mais de três dias por semana, por três semanas ou mais.

Colo uterino: a abertura circular que conecta o útero à vagina. Sua dilatação permite que o bebê nasça durante o parto.

Colostro: o fluido produzido pelos seios da mãe antes deles realmente produzirem leite. É um fluido rico em proteínas e anticorpos importantes que o recém-nascido precisará para se alimentar durante aqueles primeiros dias preciosos após o nascimento.

Coroação: não tem nada a ver com assistir ao Rei Joffrey Baratheon tomar o trono em *Game of Thrones*; em vez disso, é o momento em que você pode ver pela primeira vez a cabeça de seu bebê começar a emergir da vagina da mãe.

Dilatação: o processo gradual pelo qual o colo uterino começa a abrir para que o bebê possa passar pelo canal de parto.

Doula: uma especialista em partos. Uma doula não tem necessariamente treinamento, mas ela pode ajudar oferecendo apoio emocional durante o trabalho de parto e o nascimento e oferecer outras formas de ajuda quando a mãe estiver em casa com o bebê.

Encaixe: o período em que o bebê desce na pélvis da mãe. Isso pode acontecer várias semanas antes do trabalho de parto ou quando o trabalho de parto começa.

Encher o tanque: a ideia de alimentar seu bebê o máximo possível antes de dormir, esperando que ele durma bem e dê a você e sua parceira mais tempo para descansar.

Epidural: uma injeção no espaço próximo à medula espinhal da mãe e que serve como um método de alívio da dor. Reduz a sensibilidade dos nervos e bloqueia as sensações na parte inferior do corpo, mas a mãe permanece acordada durante o processo.

Episiotomia: um corte que é feito para ampliar a abertura da vagina da mãe no caso de o bebê ser grande demais para passar naturalmente.

Fibrose cística: um distúrbio genético que forma um espesso e pegajoso muco que se acumula nos pulmões e no trato digestivo do bebê. Os testes genéticos podem ser feitos antes do tempo, mas é importante ter em mente que *ambos* os pais devem ter a mutação genética para que ela esteja presente na criança.

Fontanela: o ponto macio do crânio de uma criança, o espaço no crânio no qual o osso ainda não foi totalmente fundido.

Gravidez de alto risco: uma frase usada quando a mãe ou o bebê correm grandes riscos de problemas de saúde. Esse termo pode ser usado em caso de hipertensão arterial, bebês múltiplos ou uma mãe que tenha ultrapassado certo limite de idade.

Gravidez ectópica: ocorre quando o embrião fertilizado se prende fora do útero (na maioria das vezes nas tubas uterinas) em vez do revestimento uterino. É uma ameaça à saúde da mãe e a gravidez deve ser interrompida.

Lanugo: cabelos extremamente finos e macios que cobrem o corpo do bebê enquanto está no útero.

Líquido amniótico: o fluido que envolve o bebê enquanto está no útero. Protege o bebê agindo como um amortecedor, mas também ajuda os pulmões a se desenvolverem.

Lóquio: perdas de sangue que a mãe experimenta após dar à luz. É composto principalmente de sangue e partes da membrana fetal.

Mecônio: as primeiras fezes de uma criança. Pegajoso, de cor esverdeada bastante escura e comparável a carvão, geralmente ocorre alguns dias após o nascimento e é composto de uma combinação de coisas (como muco, bílis, células, lunago) ingeridas durante o tempo do bebê no útero.

Plano de parto: o plano escrito ou verbalmente discutido com a mãe e o médico dela, que descreve como ela gostaria que o trabalho de parto e o nascimento ocorressem. Normalmente, refere-se a coisas como medicação para dor, amamentação e quem você e sua parceira querem que esteja presente na sala de parto quando chegar a hora.

Pós-parto: após o nascimento do bebê, o útero expulsa a placenta, assim como as outras membranas que a mãe tem mantido em seu útero.

Pré-eclâmpsia: um distúrbio no qual a mãe tem pressão arterial mais alta do que o normal, bem como níveis significativos de proteína em sua urina. Essa condição geralmente ocorre após vinte semanas e é algo que o médico pode examinar e monitorar.

Primeira fase do trabalho de parto: as contrações da mãe estão fazendo com que ela tenha um ataque e, potencialmente, gere rasgos na sua nova camisa ou no braço da poltrona de couro. Essas contrações tornam-se próximas e fortes o suficiente para iniciar as mudanças em sua dilatação cervical. Essa fase não terminará até que ela esteja dilatada a dez centímetros.

Prolactina: uma proteína que permite à mãe produzir leite.

Recolhimento de sangue do cordão umbilical: após o nascimento de seu bebê, você poderá recolher e armazenar o sangue que resta no cordão umbilical e na placenta (você provavelmente discutirá isso bem antes do nascimento). Esse sangue contém células-tronco que podem ser usadas mais tarde para tratar problemas do seu filho ou de outra pessoa.

Segunda fase do trabalho de parto: essa etapa também pode ser chamada de "empurre!". O ato de empurrar pode durar de vinte minutos a três ou mais horas. Durante essa fase, as contrações começarão a desacelerar entre dois e cinco minutos e duram de um minuto a um minuto e meio. A mãe continuará empurrando durante as contrações, forçando o bebê para baixo através do canal de parto.

Síndrome das pernas inquietas: uma vontade feroz de mexer as pernas. Essa condição muito provavelmente não ocorrerá na pista de dança da festa de fim de ano da sua empresa, mas sim na cama, enquanto a mãe luta para conseguir uma boa noite de sono.

Síndrome de Down: uma anormalidade genética. Testes genéticos e exames podem ser feitos durante o primeiro e o segundo trimestre para determinar se isso é ou não algo com o qual se preocupar.

Terceira etapa do trabalho de parto: muitos pais não reconhecem essa etapa do trabalho de parto. Essa etapa ocorre imediatamente após o bebê ter nascido e consiste na expulsão da placenta. Não é tão intenso quanto o nascimento real: o útero se contrai suavemente para liberar a placenta.

Termo completo: a frase utilizada para o início da Semana 39 até o final da Semana 40 da gravidez. Qualquer bebê nascido antes de 38 semanas e seis dias é considerado prematuro.

Recursos

All Pro Dad: <www.allprodad.com>.

BabyCenter: <www.babycenter.com>.

City Dads Group: <www.citydadsgroup.com>.

Dad or Alive: <www.dadoralive.com>.

DAD.info: <www.dad.info>.

Daddy Style Diaries: <www.daddystylediaries.com>.

Designer Daddy: <www.designerdaddy.com>.

Fatherly: <www.fatherly.com>.

Healing Hearts (Baby Loss Comfort): <www.babylosscomfort.com/grief-resources>.

HowToBeADad: <www.howtobeadad.com>.

Life of Dad: <www.lifeofdad.com>.

Loss Advisors Loss Doulas: <www.babylossfamilyadvisors.org/parent-services.html>.

Lunchbox Dad: <www.lunchboxdad.com>.

Mr. Dad: <www.mrdad.com>.

National At-Home Dad Network: <www.athomedad.org>.

National Center for Fathering: <www.fathers.com>.

National Fatherhood Initiative: <www.fatherhood.org>.

Postpartum Progress: <www.postpartumprogress.com>.

Postpartum Support International: <www.postpartum.net>.

PostpartumDads: <www.postpartumdads.org>.

Share: Pregnancy & Infant Loss Support: <www.nationalshare.org>.

The Dad 2.0 Summit: <www.dad2summit.com>.

The Dad Website: <www.thedadwebsite.com>.

Referências

Borgenicht, Louis; Borgenicht, Joe. *The Baby Owner's Manual.* Philadelphia: Quirk Books, 2012.

Brott, Armin A.; Ash, Jennifer. *The Expectant Father.* New York: Abbeville Press, 2015.

Greenberg, Gary; Hayden, Jeannie. *Be Prepared.* New York: Simon & Schuster, 2004.

Jones, Sandy; Jones, Marie; Crocetti, Michael. *Great Expectations:* Baby's First Year.

New York: Sterling, 2007.

Mactavish, Scott. *The New Dad's Survival Guide.* New York: Little, Brown and Company, 2005.

Murkoff, Heidi, Mazel, Sharon. *What to Expect When You're Expecting.* New York: Workman Publishing, 2016.

Pfeiffer, John. *Dude, You're Gonna Be a Dad!* Avon: MA: Adams Media, 2011.

Watson, Benjamin. *The New Dad's Playbook.* Grand Rapids, MI: Baker Books, 2017.